泉城文库

泉水文化丛书

第一辑　雍坚　主编

吕祖泉泉群
舜泉泉群

梁阔润
杨　旻

编著

济南出版社

图书在版编目（CIP）数据

吕祖泉泉群、舜泉泉群／梁阔润，杨旻编著.
济南：济南出版社，2024.7. ——（泉水文化丛书／雍
坚主编）. —— ISBN 978-7-5488-6603-9

Ⅰ. K928.4

中国国家版本馆 CIP 数据核字第 2024EP3181 号

吕祖泉泉群、舜泉泉群

LÜZUQUAN QUANQUN　SHUNQUAN QUANQUN

梁阔润　杨　旻　编著

出 版 人　谢金岭
责任编辑　林小溪　李文展
封面设计　牛　钧
图片统筹　左　庆

出版发行　济南出版社
地　　址　山东省济南市二环南路 1 号（250002）
总 编 室　0531-86131715
印　　刷　济南新先锋彩印有限公司
版　　次　2024 年 7 月第 1 版
印　　次　2024 年 7 月第 1 次印刷
开　　本　160mm×230mm　16 开
印　　张　15.5
字　　数　195 千字
书　　号　ISBN 978-7-5488-6603-9
定　　价　66.00 元

如有印装质量问题 请与出版社出版部联系调换
电话：0531-86131736

总序

文化，源自《周易》中所讲的"观乎人文，以化成天下"。自然形态的泉水，在与人文影响相结合后，才诞生了泉水文化。通过考察济南泉水文化的衍生轨迹，可以看到，泉水本体在历史上经历了从专名到组合名、从组合名到组群名这样一个生发过程。

"泺之会"和"鞌之战"是春秋时期发生于济南的两件知名度最高的大事（尽管"济南"这一地名当时尚未诞生）。非常巧合的是，与这两件大事相伴的，竟然是两个泉水专名的诞生。《春秋》记载，鲁桓公十八年（前694），鲁桓公和齐襄公在"泺"相会。"泺"，源自泺水。而"泺水"，既是河名，又是趵突泉之初名。北魏郦道元在《水经注》中推测，泺水泉源一带即"公会齐侯于泺"的发生地。"鞌之战"发生于鲁成公二年（前589），《左传》记述此战时，首次记载华不注山下有华泉。

东晋十六国时期，第三个泉水专名——"孝水"（后世称"孝感泉"）诞生。南燕地理学家晏谟在《三齐记》中记载："其水平地涌出，为小渠，与四望湖合流入州，历诸廨署，西入泺水。耆老传云，昔有孝子事母，取水远。感此，泉涌出，故名'孝水'。"北魏时期，郦道元在《水经注》中，所记济南泉水专名有6个，分别是泺水、舜井、华泉、西流泉、白野泉和百脉水（百脉泉）。北宋，济南泉水家族扩容，达到30余处。济南文人李格非热爱家乡山水，曾著《历下水记》，将这30余处泉水详加记述，惜未传世。后人仅能从北宋张邦基所著《墨庄漫录》中知其梗概："济南为郡，在历山之阴。水泉清冷，凡三十余所，如舜泉、爆流、金线、真珠、孝感、玉环之类，皆奇。李格非文叔作《历下水记》叙述甚详，文体有法。曾子固诗'爆流'作'趵突'，未知孰是。"

伴随着济南泉水专名的增加，到了金代，济南泉水的组合名终于出场，这就是刻在《名泉碑》上的"七十二泉"。七十二，古为天地阴阳五行之成数，亦用以表示数量众多，如《史记》载"古者封泰山禅梁父者七十二家"、唐诗《梁甫吟》中有"东下齐城七十二"之句。金《名泉碑》未传世至今，所幸元代地理学家于钦在《齐乘》中将泉名全部著录，并加注了泉址，济南七十二泉的第一个版本因此名满天下。金代七十二泉的部分名泉在后世虽有衰败隐没，但"七十二泉"之名不废，至今又产生了三个典型版本，分别是明晏璧《济南七十二泉诗》、清郝植恭《济南七十二泉记》和当代"济南新七十二名泉"。此外，明清时期，还有周绳所录《七十二泉歌》、王钟霖所著《历下七十二泉考》等五个非典型七十二泉版本出现。如果把以上九个版本的"七十二泉"合并同类项，总量有170余泉。从金代至今，只有趵突泉、金线泉等十六泉在各时期都稳居榜单。

俗语云："物以类聚，人以群分。"意为同类的事物经常聚集在一起，志同道合的人往往相聚成群。当济南的泉水达到一定数量时，"泉以群分"的现象就应运而生了。

20世纪40年代末，济南泉水的组群名开始出现。1948年，《地质论评》杂志第13卷刊发国立北洋大学采矿系地质学科学者方鸿慈所著《济南地下水调查及其涌泉机构之判断》一文，首次将济南泉水归纳为四个涌泉群：趵突泉涌泉群（内城外西南角）、黑虎泉涌泉群（内城外东南角）、贤清泉涌泉群（内城外西侧）和北珍珠泉涌泉群（内城大明湖南侧）。

1959年，山东师范学院地理系教师黄春海在《地理学资料》第4期发表《济南泉水》一文，将济南市区泉水划分为趵突泉泉群、黑虎泉泉群、珍珠泉泉群、五龙潭泉群和江家池泉群。同年，黄春海的同事徐本坚在《山东师范学院学报》第4期发表《泰山地区自然地理》一文，提出济南市区诸泉大体可分为四群：趵突泉泉群、黑虎泉泉群、五龙潭泉群、珍珠泉泉群。此种表述虽然已经与后来通行的表述一致，但当时并未固定下来。1959年11月，山东师范学院地理系编著的《济南地理》（徐本坚是此书的参编者之一）一书中对济南四大泉群又按照方位来命名，分别是：城东南泉群、城中心泉群、城西南泉群、城西缘泉群。

通过文献检索可知，济南四大泉群的表述此后还经历了数次变化和反复。譬如，1964年4月，郑亦桥所著《山东名胜古迹·济南》一书中，将济南四大泉群表述为"趵突泉群、黑虎泉群、珍珠泉群和五龙潭泉群"；1965年5月，山东省地质局水文地质观测总站所编《济南泉水》中，将济南四大泉群表述为"趵突泉—白龙湾泉群、黑虎泉泉群、五龙潭—古温泉泉群和王府池泉群"；1966年，油印本《济南一览》一书中，将济南四大泉群表述为"趵突泉泉群、黑虎泉泉群、五龙潭泉群和珍珠泉泉群"，与1959年发表的《泰山地区自然地理》一文所述一致；1986年，山东省地图出版社编印的《济南泉水》中，将四大泉群复称为"趵突泉群、黑虎泉群、五龙潭泉群和珍珠泉群"；1989年，济南市人民政府所编《济南历史文化名城保护规划图集》将济南四大泉群复称为"趵突泉泉群、珍珠泉泉群、五龙潭泉群和黑虎泉泉群"。此后，这一表述才算固定下来。

2004年4月2日，由济南名泉研究会、济南市名泉保护管理办公室组织进行的历时五年的济南新七十二名泉评审结果揭晓，同时还公布了新划出的郊区六大泉群，这样加上市区原有的四大泉群，就有了济南十大泉群的划分，它们是：趵突泉泉群、黑虎泉泉群、珍珠泉泉群、五龙潭泉群、白泉泉群、涌泉泉群、玉河泉泉群、百脉泉泉群、袈裟泉泉群、洪范池泉群。十大泉群的划分，是本着有利于泉水的保护和管理、有利于旅游和开发的原则，依据泉水的地质结构、流域范围，在20平方公里范围内有泉水数目20处以上，且泉水水势好，正常年份能保持常年喷涌，泉水周围有良好的自然环境和历史文化内涵等标准进行的。

2019年1月，国务院批复同意山东省调整济南市、莱芜市行政区划，撤销莱芜市，将其所辖区域划归济南市管辖。伴随着济莱区划调整，新设立的济南市莱芜区和济南市钢城区境内的泉水，加入济南泉水大家族。2020年7月至2021年7月，济南市城乡水务局（济南市泉水保护办公室）再次开展全市范围内的新一轮泉水普查工作。在泉水普查的基础上，邀请业内专家对新发现的500余处泉水逐一进行评审，新增305处泉水为名泉，其中，莱芜区境内有72泉，钢城区境内有30泉。2023年，在《济南市名泉保护总体规划（2023—2035年）》编制过程中，根据泉水出露点分布情况，结合历史人文要素与自然生态条件划定了十二片泉群，即趵突泉泉群、黑虎泉泉群、珍珠泉泉群、五龙潭泉群、白泉泉群、涌泉泉群、百脉泉泉群、玉河泉泉群、袈裟泉泉群、洪范池泉群、吕祖泉泉群及舜泉泉群。其中，吕祖泉泉群（莱芜区境内诸泉）和舜泉泉群（钢城区境内诸泉）为新增。

稍加回望的话，在市区四大泉群之外，济南郊区诸泉群名称的出现，也是有迹可循的。1965年7月，山东省地质局八〇一队李传谟在油印本《鲁中南喀斯特及其水文地质特征的研究》中记载了今章丘区境内的明水镇泉群（包括百脉泉）、绣水村泉群，今长清区境内的长清泉群，今莱芜区境内的郭娘泉群。据2013年《济南泉水志》记载，20世纪80年代后，省市有关部门及高校有关科研人员和学者，对济南辖区内的泉群及其泉域划分形成了各种不同的说法，但济南辖区内有三个泉水集中出露区和七个泉群的说法，为大多数人所认同。三个集中出露区即济南市区（包括东郊、西郊）、章丘区明水、平阴县洪范池一带；七个泉群即趵突泉泉群、黑虎泉泉群、五龙潭泉群、珍珠泉泉群、白泉泉群、明水泉群、平阴泉群。

泉群是泉水出露的一种聚集形式。泉群的划分，则是对泉水分布所作的人为圈定，如根据泉水分布的地理区域集中性、泉水的水文地质条件进行的划分，以及从泉水景观的保护、管理和开发等角度进行的划分。因此，具体到每个泉群内所含的泉水和覆盖范围，亦是"时移事异"的。以珍珠泉泉群为例，1948 年，方鸿慈视野中的北珍珠泉涌泉群，仅有"北珍珠泉、太乙泉等 8 处以上泉水"；1966 年油印本《济南一览》中，珍珠泉泉群有珍珠泉等 10 泉；1981 年济南市历下区地名办公室所绘《济南历下区泉水分布图》上，将护城河内老城区中的 34 泉悉数列入珍珠泉泉群；1997 年《济南市志》将珍珠泉泉群区域再度缩小，称"位于旧城中心的曲水亭街、芙蓉街、东更道街、院前街之间"，共有泉池 21 处（含失迷泉池 2 处）；2013 年《济南泉水志》将珍珠泉泉群的范围扩大至老城区中所有的有泉区域，总量也跃升为济南市区四大泉群之首，计有 74 处；2021 年 9 月，伴随着"济南市新增 305 处名泉名录"的公布，护城河以内济南老城区的在册名泉（珍珠泉泉群）达到 107 处。

当代，记述济南泉水风貌、泉水文化的出版物已有多种，可谓琳琅满目，而本丛书以泉群为单位，对济南市诸泉进行风貌考察、文化挖掘、名称考证，便于读者从泉水群落的角度去考察、关注、研究各泉的来龙去脉。十二大泉群之外散布的名泉，皆附于与其邻近的泉群后——记述，以成其全。如天桥区散布的名泉附于五龙潭泉群之后，近郊龙洞、玉函山等名泉附于玉河泉泉群之后。

值得一提的是，本丛书所关注的济南各泉群诸泉，并不限于当代业已列入济南名泉名录的泉水，还包括各泉群泉域内的三类泉水：一是新恢复的名泉，如珍珠泉泉群中新恢复的明代名泉北芙蓉泉；二是历史上曾经存在、后来湮失的名泉，如趵突泉泉群中的道村泉、通惠泉，白泉泉群中的老母泉、当道泉，吕祖泉泉群中的郭娘泉、星波泉；三是现实存在，但未被列入名泉名录的泉水，这些泉水或偏居一隅，鲜为人知，如玉河泉泉群中的中泉村咋呼泉、鸡跑泉，或季节性出流，难得一见，如袈裟泉泉群中的一口干泉、洪范池泉群中的天半泉。在济南泉水大家族中，它们虽属小众，但往往是体现济南泉水千姿百态的另类注脚。

本丛书在编撰过程中参考了《千泉之城——泉城济南名泉谱》等众多当代济南泉水文化出版物，得到了济南市城乡水务局（济南市泉水保护办公室）、济南市勘察测绘研究院、山东省地矿局八〇一水文地质工程地质大队等单位的大力支持，谨此诚致谢忱！

亘古以来，济南的泉脉与文脉交相依存，生生不息。济南文化之积淀、历史之渊源，皆与泉水密切相关。期待这套《泉城文库·泉水文化丛书》开启您对济南的寻根探源之旅！

雍坚

2024 年 6 月 10 日

目录

吕祖泉泉群

吕祖泉泉群概述

莱芜区地属泰山余脉和徂徕山余脉，境内山清水秀，植被丰富，泉水众多，多数泉水汇入嬴汶河和牟汶河。明嘉靖二十三年（1544）刊印的首部《莱芜县志》"卷之一·图考志"和"卷之二·地理志"中共著录莱芜县境内 13 泉，其中郭娘泉、乌江泉、小龙湾泉、龙泉、吕公泉、五龙泉、王家沟泉、半壁泉、镇里泉等 9 泉旧址位于今莱芜区境内。

清康熙十九年（1680）《山东全河备考》一书记载："莱芜古泉三十五眼……后缘枯淤，仅存二十五泉……近陆续搜复古泉十处，又增新开泉十一处，通共泉源四十六。"据该书所记述的泉址，46 泉中有半壁店泉、西夹沟泉、青阳港泉、贺家湾泉、王家沟泉、牛王山泉、卢家庄泉、韩家港泉、郭娘锦泉、片锦泉、坡草泉、逯马河泉、小龙湾泉、大龙湾泉、乌江岸泉、北海眼泉、垂杨泉、镇里泉、青桥泉、西碧泉、龙兴泉、北夹沟泉、水河泉、沙湾泉、助沙泉、李家湾泉、凉坡泉、薛家庄泉、黑龙泉、老龙泉、新兴泉、鱼池泉、星坡泉、大龙泉等 34 泉旧址在今莱芜区境内。

清光绪《莱芜县志》和民国《续修莱芜县志》均著录莱芜县境内 49 泉。其中，郭娘泉、牛王泉、韩家港泉、片壁泉、卢家庄泉、王家沟泉、青杨港泉、半壁店泉、贺家湾泉、乌江泉、水河泉、雪野泉、小龙湾泉、大龙湾泉、镇里泉、辛兴泉、鱼池泉、星波泉、逯马泉、坡草泉、五龙口泉、龙泉、吕公泉、青桥泉、西碧泉、龙兴泉、北海眼泉、垂杨泉、北夹沟泉、沙湾泉、李家湾泉、凉坡泉、老龙泉、黑龙泉、西夹沟泉、大龙泉、助沙泉等 37 泉的旧址在今莱芜区境内。

1957 年，莱芜县水利局对境内山泉进行调查，发现有山泉 100 余处。1958 年，莱芜县境内泉水流量大于 5 升／秒的有 13 处。随着工农业用水量的增加，源泉逐渐减少。1991 年版《莱芜市志》记载："1987 年，除少数源泉外，俱已干涸消失。"该书著录了 1958 年莱芜县境内尚存的 16 眼主要泉水，其中，郭娘泉、苍龙泉、黑虎泉、牛王泉、腰泉、垂杨泉、田庄泉、乌江泉、鱼池泉等 9 泉的旧址在今莱芜区境内，另外 7 泉的旧址在今钢城区境内。

另据 2014 年版《莱芜市志》记载，至该书截稿时，莱芜区境内的郭娘泉、苍龙泉、黑虎泉、牛王泉、腰泉、垂杨泉、田庄泉、乌江泉、鱼池泉等 9 泉半数以上干涸，仅 4 泉有水，且垂杨泉、田庄泉、乌江泉"雨季出涌，流量很小"，腰泉"连续抽水时，短期干涸"。此外，该书新著录 22 泉，其中，阴阳泉、蛤蟆泉、圣水泉、牛旺泉、南泉、石湾泉、响湾泉、马杓湾泉、老泉、蔡家河泉、吕祖泉、辛兴泉、胡家泉等 13 泉，除胡家泉"因铁矿开采已干涸"、阴阳泉"汛期涌水"外，其余泉常年涌水。

2019 年 1 月，济莱区划调整后，莱芜区境内诸泉相应归入济南泉水大家族。2020 年 7 月，济南市城乡水务局（济南市泉水保护办公室）展开新一轮泉水普查工作，对莱芜区、钢城区境内诸泉的地理风貌、地质成因和历史文化信息一一进行系统采录，共探查莱芜区境内泉水近 180处，初步摸清了莱芜区境内诸泉的家底儿。

2021 年 9 月，《济南市新增 305 处名泉名录》对社会公布。其中，莱芜区境内有 72 泉被收录。2023 年，在《济南市名泉保护总体规划（2023—2035 年）》编制过程中，将莱芜区境内诸泉定名为吕祖泉泉群。吕祖泉旧称吕公泉，为莱芜境内唯一一眼从明代存续至今依然出涌旺盛的名泉，以此泉为泉群首泉，实至名归。

吕祖泉·白水泉

　　吕祖泉和白水泉位于莱芜区雪野街道吕祖泉村。其得名都与吕洞宾点化泉水的传说有关。吕祖泉早在明嘉靖二十三年（1544）《莱芜县志》上就有记载，时称"吕公泉"，"在县西北八十里，泉水涌出，世传洞宾插剑于此"。泉边村落因泉得名，称"吕公泉村"。新中国成立后，吕公泉改称"吕祖泉"，吕公泉村改称"吕祖泉村"。

　　吕祖泉村村口河道中有一高台，上面建有一座六角凉亭，凉亭中的泉即是赫赫有名的吕祖泉。吕祖泉的外观是一直径不足 1 米的圆井，井口用一块整石凿成，由于日久岁深，井沿边缘磨出几道绳沟。圆井西侧还有一个方形水池，底部与井壁串联，泉水丰沛时溢入水池。村民平时从水池中取水，干旱时节，水池蓄水量不足，百姓就到井中汲水。下过井的村民介绍说，水井底部左右各有水源，水井东侧，在堤堰边一块石头上，阴刻"洞宾点化，孕妇汲水"等字迹，

雨季，吕祖泉之水从井中溢流进入旁边的矩形泉池　雍坚摄

河边泉亭中的井盖下为吕祖泉　雍坚摄

隐约可辨。石崖上边，原来建有吕洞宾庙、龙王庙。

村中流传着一个关于吕祖泉的故事。传说村里有个李姓人家，婆婆很刻薄，儿子去世后，她对新寡的儿媳妇非常苛刻。可怜的儿媳妇辛辛苦苦操持家务，还要忍受婆婆的虐待。用扁担担水对于农家媳妇来说不是特别难，难的是婆婆给儿媳妇准备的是"倒罐"。通常水桶是平底的，而倒罐底是尖的，一放到地上就歪倒，水就洒出来。因此儿媳妇需要从井里汲满水后一步不歇地担水回家。而村子近处没有井，得到村子东边三四里远的白水泉去担水，山路崎岖。

一个炎热的夏季，李家媳妇担水走在路上，她怀着遗腹子，肚子大了，担水更是艰难。就在村口，她遇见一位骑着马的老人。老人和马显然都走了不少路程，老人的衣服被汗水浸湿了，马的鼻孔喷着热气。老人拉紧缰绳，跳下马来，对李家媳妇说："你能不能帮帮我？我的马渴坏了，能不能分些水给我饮饮马？"善良的李家媳妇很作难，她满脸窘迫地说："老人家，饮饮马还能算个事儿吗？可是我跟婆婆不好交代。"嘴上这么说，她还是把水卸下来，倒在身后的青石槽里，让老人饮马。老人笑着说："不要紧，孩子，你帮我饮马，我送你水。以后，你别再去那里担水了，你身后这个石头就有水。"李家媳妇回头一看，地上的青石底部汩汩地冒出水来，她又惊又喜地扭过头来想谢谢这位老人，却发现他和马都不见了。

村民一传十、十传百，跑到村口，争着看老人送来的水。大家齐动手，在青石底下挖井，砌上井台，一口泉水井就诞生了。再干旱的时候，这眼泉也没有干涸过。村子里的长者听李家媳妇讲了老人的样貌，推测他是吕洞宾。从此，李家媳妇在婆婆家的地位也有所改善。此后，李家子孙绵延，家族兴旺。泉水边石壁上的"洞宾点化，孕妇汲水"八个字，就是李家后人李文平书写的。

传说中李家媳妇最初去担水的白水泉至今尚在，就位于今吕祖泉村东面吕祖泉旅游区内。为了招徕游客，景区内山坡中的白水泉也被称为"吕

白水泉泉碑及泉口　雍坚摄

007

白水泉泉口　左庆摄

祖泉"。旅游区内的新吕祖泉位于山谷丛林之中，泉口就是在一块整石板上掏出的一个圆洞，俯身望去，里面泉水清澈充盈，水面距井口仅1米左右。泉旁树下还专门立了一块碑，碑上有吕洞宾点化吕祖泉的传说。距井口不远处，另有一块不规则石头，上用篆书阴刻着"白水泉"三个字。

　　吕祖泉村前任党支部书记柏建顺介绍说，他小时候也到这里取过水。这个泉水很神奇，刚涌出来的时候，看上去是白色的，但用瓢舀出来就变清了，像施了魔法一样。

恩光泉·普惠泉

　　恩光泉和普惠泉位于莱芜区张家洼街道吕家河村村东的泉子沟内，俗称"活泉"。2015年，当地将二泉泉口处整修为泉池，命名为"恩光泉"和"普惠泉"。翌年，又把二泉统称为"龙泉凤池"。

　　恩光泉和普惠泉处于济青高速南线和瓦子铁道的高铁桥之间，从公

恩光泉　邹浩摄

普惠泉　邹浩摄

路到泉池修有青石台阶，以方便附近居民取用泉水。两泉均为矩形泉池，长约 1.5 米，宽约 1 米，池内泉水充盈，水深约 0.4 米。泉池旁有吕家河村委会于 2015 年 10 月所立的"恩光泉"泉碑和"普惠泉"泉碑，还有2016 年所立的"龙泉凤池"碑。"龙泉凤池"碑背面文字记载称，"此地岩石怪异、水色绚丽，丽若龙珠、流光凤采，古人有龙潭凤淹之说"，所以命名为"龙泉凤池"。

　　"恩光泉和普惠泉四季不干，平时泉池内清澈见底，泉边的水沟里能看到小鱼。"2020 年 8 月济南泉水普查时，时年 48 岁的吕家河村党支部书记吕伦海介绍说，为龙泉凤池和恩光泉、普惠泉命名的是同村的吕英川先生，他原是鄂庄煤矿的退休干部，为家乡的保泉护泉工作做出了很大贡献。另据吕伦海介绍，清康熙年间，吕姓由五六公里外的大芹村迁此建村，因村南有河，冠以姓氏，得名"吕家河村"。

青杨行古井

　　青杨行古井位于莱芜区张家洼街道青杨行村东北的柳沟内，当地人俗称"老泉"。古井曾经是村民世世代代的饮用水源，村内不同胡同都有到柳沟取水的碎石小路。

　　青杨行古井井口为方形，边长 0.9 米，由井口下望，可见井筒为圆形。井水清澈，深约 2 米，水面距井口约 0.8 米。井口由两块水泥板做盖子，周围有用铁丝围成的栅栏。

青杨行古井井口　赵相利摄

青杨行古井　赵相利摄

2020年8月济南泉水普查时，时年50岁的村民周翠玲说："1994年她嫁到青杨行村时，村里家家户户还都是手提肩挑到这里取水吃。最近20多年，村里打了井，才没人前来打水了。"她还介绍说，柳沟之所以叫"柳沟"，是因为以前沿沟上长满了柳树，现在虽然改种了杨树，村民还是沿袭旧称，管这里叫"柳沟"。

另据村碑与《吕氏谱》记载，青杨行建村于明朝初年，因村中吕、李两大姓居住于成趟成行的青杨树之中，故名"青杨行"。1958年村址被水库占用，迁至今址。青杨行村地势北边高，南边低，房子建得高低错落。因为耕地少，村民在当代种植了桃树、花椒树等经济树木。

石泉

　　石泉位于莱芜区高庄街道小庄村东南的太阳河东岸，泉水自巨石裂缝下涌出，故名"石泉"。石泉水质甘甜，四季出水，因泉址在小庄村，又称"小庄泉"。

　　2020年8月，在小庄村党支部书记亓福盛的带领下，济南泉水普查队来到小庄村东南的太阳河东岸。这里是小庄村东岭的缓坡，山坡上是连成片的菜地和玉米地，由于土质丰厚，蔬菜和玉米都长势旺盛。自南向北流淌的太阳河在此处河道较宽，被当地人用拦河坝拦成一个塘坝。因为正值雨季，塘坝里清澈的河水通过拦河坝下的泄洪孔哗哗地流向下游。

石泉（小庄泉）　雍坚摄

小庄村党支部书记亓福盛指认出水口　雍坚摄

"泉的出水口就在这里。"亓福盛带大家走到河边一块裸露的巨石上，指着脚下的巨石裂缝告诉大家。从来水方向看，这股清泉显然是来自东岭山积蓄的雨水。据同行的八〇一水文地质工程地质大队工作者估算，此泉的出水量每小时至少有五六立方米。

"咱庄这个泉子，可以说打老祖就有，五冬六夏天天出水，从来不干，老人们称它为'太阳河山泉水'。我从 15 岁时就天天到这里挑水。为了方便村民取水，村里在泉出水口处修过一个 2 米 ×2 米大小的泉池，大家排号在这里取水。当时约定泉子顶上不能洗衣服，要在旁边专设的洗衣台上洗。"亓福盛介绍说，2018 年太阳河河道治理时，去掉了河边的泉池，石泉又变成了一个看上去很天然的山泉。同年，村里在东岭打了一口 280 米深的机井，全村人吃上了自来水。不过，还是会有村民到这里取水，回家泡茶喝。大家都说，用这泉水泡出的茶水特别香，老人们喝了它还能延年益寿。

据了解，小庄村原名"西辛庄"。在村委会隔河相对的院里，还立着 1989 年所立的西辛庄村碑。村碑记载，清乾隆年间，亓姓由团山村迁此建村。因是新建庄，庄曾名"小新庄"，后演变成"小辛庄"。又因与别村重名，1982 年经莱芜县人民政府批准，改称"西辛庄"。

南泉子

　　南泉子位于莱芜区高庄街道下亓家峪村的深沟旁，泉口处被砌成水窖。水窖顶部是一个有 10 多平方米大小的水泥平台，平台上留有一个方形取水井口。掀开井盖后，可见井深约 5 米，在朝向深沟的井壁上还开有一个 0.4 米宽、0.6 米高的排水口。夏秋雨季，泉水从排水口溢出，流入沟中。冬春季节，泉水从排水口下方的石缝中汨汨而出，水下是细腻的白沙。

　　下亓家峪村为南北狭长的聚落，一条自南而北的河沟将村子分为东、西两部分，有 5 座石桥横跨在河沟上，使东、西两部分相连。2020 年 8 月，济南泉水普查队一行 6 人赶到下亓家峪时，村党支部书记刘振强告诉大家："我们村的南泉子，前些年借着旁边的道路提升进行了改造。"

南泉子井口　雍坚摄

下亓家峪村党支部书记刘振强讲述南泉子出流盛况　雍坚摄

他解释说，"原来南泉子这里的道路比现在至少低2米，前些年修路时提升了道路，村里借此就把南泉子修成了井的样子。这个泉子一年四季往外出水，整修南泉子时，就特意在井壁上留了出水口。在2013年全村通自来水之前，村民都是到南泉子来挑水吃。这个泉的水清凉甘甜，水质很好。"

据《莱芜市志》记载，明朝中叶，由亓姓建村。因村址在山峪中，冠以姓氏，曾名"亓家峪"，因有重名村，改称"下亓家峪"。最初是亓姓村，后亓姓渐无。现村中有李、刘、蔺、高4姓，以刘姓居多。如今的下亓家峪村只有70多户，和周围多数村子一样，村里的年轻人多出去打工了，留在村里的多是60岁以上的老人。深沟中哗哗流动的泉水与道路两侧的石砌老屋交相辉映，整个小山村静寂、安详，还有几分灵动。在村中心石桥旁，那株树龄400多年的古槐依然枝繁叶盛，让人心中不禁生出淡淡的乡愁。

趵突泉（白胡老头泉）

　　趵突泉位于莱芜区高庄街道杨家峪村旁，季节性出涌。泉水在雨季汹涌而出，气势恢宏，因此得名"趵突泉"。又因泉水出流后泛着白色水花顺势而下，当地人还形象地称之为"白胡老头泉"。

　　趵突泉在杨家峪水库的东南角，由于此处坡度较大，水道较窄（窄处不足1米），泉水像受惊的野马般奔流而下，途中与山石草木发生碰撞，泛起白色水花，看上去恰如一个老翁的白色长髯。沿着趵突泉下泻的水

趵突泉汹涌下泻　雍坚摄

趵突泉注入杨家峪水库　雍坚摄

道继续上行约百十米，只见水道向左折进山体裂缝中。此处的山体裂缝往里又有十来米，裂缝宽度不一，最窄处不足 1 米，山泉从黑黝黝的泉口处汹涌而出。

　　杨家峪村位于莱芜区政府驻地南 9 公里，牟汶河的支流新甫河自西向东流经该村，当地在村西南河道上拦河成坝，形成一个总库容 12 万立方米的小型水库——杨家峪水库。2020 年 8 月，济南泉水普查队来杨家峪村调查时，适逢趵突泉出涌旺季，众人沿着水库南岸的蜿蜒小路走到水库东南角，循着轰鸣的水声，大家看到一股泛着白花的泉水自东南方山坡下顺地势汇入水库中。

　　"这股水全是从趵突泉流出来的，'趵突泉'三字的写法和济南城里的趵突泉完全一样。我们当地人还管它叫'白胡老头'。全村人都吃这里的水，有个输水管道沿着水道通往泉口。"杨家峪村党支部书记杨洪明介绍说，"趵突泉的泉口处是个天然竖井，以前天旱时村里有人进去下过潜水泵，能下到 30 多米深，再往下就窄得下不去人了。"据普查队中同行的八〇一水文地质工程地质大队工程师刘小天估算，这个泉当日的出流量应该在 200 立方米／小时左右，如此大的出水量，在莱芜区境内山泉中屈指可数。

"我们村这个趵突泉从雨季开始，一直能淌到冬天，那时候水流就比较小了。"杨洪明说，"除了大家看到的脚下这股水外，趵突泉还有一股水通过山石下的暗道以潜流方式下泻，在水库西南角附近出露，也排入杨家峪水库。"由于正值雨季，趵突泉出水旺盛，杨家峪水库大坝已开始溢洪，下泻时形成比较壮观的瀑布。

圣水泉

圣水泉位于莱芜区高庄街道圣水庵村村东三教堂内。因传说泉水有灵性，饮用此水能延年益寿，故名"圣水泉"。

圣水泉为边长 2 米左右的方形泉池，深 3.5 米，上有木质泉亭。东侧立有刻着"圣水泉"三字的泉碑（1994 年立）。泉池底部东壁上的小拱洞为泉口，与之正对的西壁底部有一排水口。2020 年 10 月，济南泉水普查队来此考察时，池底泉水深约 1 尺，泉水通过排水口流入三教堂下面一个半亩见方的水池（今为养鱼池）中。圣水泉所在的三教堂院内，有一株粗大的银杏树。2016 年所立的古树名木保护牌上写着树龄为 1100 年。

据时年 60 岁的圣水庵村党支部书记吕世祥介绍，

圣水泉泉池及泉碑　雍坚摄

泉池是 2017 年省里搞美丽乡村建设时抬高的，原来深约 2 米，泉水通过明渠流入下面的水池。三教堂原来庙门坐北朝南，大殿内祭祀着孔子、释迦牟尼和老子。三教堂原来为圣水庵，圣水庵村名即源自它，而圣水庵最初为圣水寺，始建年代不详，因年久失修，濒临坍塌。2000 年，经村民王训成带头捐资倡议，三教堂被修整一新（正殿墙体基础部分及后墙未动），正殿东南配殿为关帝庙。

时年 70 岁的圣水庵村原支部书记毕泗伦说："据村里的老人说，圣水泉与东海相通，所以常年不干，五冬六夏水温都在 15℃左右。夏天水大的时候，泉水除了从排水口外流，还能漫进 3.5 米深的泉池。这里的水有灵性，喝了能长寿。因为喝圣水泉的水，村里八九十岁的长寿老人比较多。"

在圣水泉泉池周边，散落着七八块断碑残碣，还有一块完整的碑横卧在泉池西侧，上面压了一个蓄水桶，一时没法移开以看究竟。一块断为三截，仅存中、下截的残碑为明嘉靖十三年（1534）《重修圣水寺记》碑，碑文约略记载了乡中善士王清于明弘治九年（1496）创建圣水寺之事。

泉子

　　泉子位于莱芜区鹏山街道裕湖小区东侧。该小区为泉子村拆迁改造后的新建小区。泉子村于明初建村，因村旁有泉子，曾名"李家泉子村""刁家泉子村"，1980年，定名为"泉子村"。

　　裕湖小区东侧有个被绿植围绕起来的休闲区，里面的核心景观是泉子和裕泉湖。泉子在东，一泉之水从泉池底部溢出，汇成一个小湖——裕泉湖。2020年8月济南泉水普查时，因湖面已经漫过泉池约0.2米，凭肉眼难以察觉泉水流溢。居西的裕泉湖，目测面积约有1500平方米，湖中间又架设了一座拱桥，桥两头各建有一座六角凉亭。从卫星地图上看这里，整个湖面是宝葫芦形状，拱桥像是宝葫芦的细腰，凉亭像左右对称的腰带扣，源源不断往宝葫芦里充水的正是葫芦口的泉子，可见设

泉子　雍坚摄

裕泉湖　雍坚摄

计者之匠心独具。泉池和小湖的水都有 4 米来深，为安全起见，整个水面四周围有一圈绿色栏杆。

　　时年 56 岁的泉子村党支部书记李夫宝引领大家沿着小路走进休闲区域东侧。"这里就是泉头。"他指着水面东端被水漫过的一个方池对大家说。2012 年，村里曾对泉子及周边区域进行了景观化改造，把泉口修成了一个方池（6 米长、3.6 米宽）。这次改造中，在泉池边上添加了汉白玉龙头，但它只是起装饰作用，真正的泉水是从这个池子底部冒出来的，然后溢出池子流到湖中。因为新建小区叫"裕湖小区"，所以这个湖就叫"裕泉湖"。

　　莱芜区境内现存的泉水多是位于山脚下的下降泉，与之不同的是，泉子村所处位置地势平坦，四周能看到的蟠龙山、鹏山都在两三公里之外。泉水普查队中的水文地质工程师在考察后认为，和济南市区的诸泉一样，泉子属于上升泉。

　　据李夫宝介绍，过去，泉头这里很不规则，旁边就两块石头，水也不深，泉水流出后向西流到湾里。湾叫"牛湾"，又分大牛湾和小牛湾。湾那边连着小沟，最后泉水沿着小沟向西流入孝义河（牟汶河支流）。他小时候每到夏天常来这里洗澡。泉子的出水量原来很大，解放战争时期，泉眼处曾经被一口大锅盖住，打那以后，出水量就变小了。

恩波泉

恩波泉位于莱芜区口镇街道泉头村西北方的河边滩地中，俗称"老泉"，因泉水惠及一方，故得名"恩波泉"。泉水流经上水河、下水河、官水河，最后注入汇河。因处于水河的源头，故该村叫"泉头村"。

恩波泉泉池 4 米见方，水深 2 米，池旁建有水渠，安装了石搓板，以便村民洗衣。2020 年 8 月济南泉水普查时，恩波泉泉水充盈，水色碧绿，几只蜻蜓在泉边款款而飞。"以前这里冬天冒热气，夏天冰凉冰凉的。原来俺庄里祖祖辈辈洗衣服、做饭、浇地都用这个水，因此都叫它'神

恩波泉　罗祥永摄

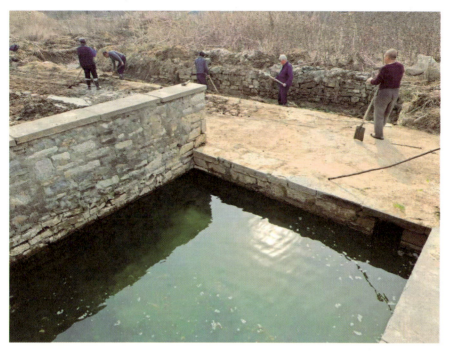

2021年3月整饬一新的恩波泉泉池　罗祥永供图

水'。"时年49岁的泉头村党支部书记罗祥永说。恩波泉旁原有一块石碑，在2004年修路时毁弃。现在的泉池是2008年重修的，重修时又刻了块新碑。新碑上刻着"恩博泉"三个字及罗维江撰文："恩博泉位于泉头村西北角，传说神水能治病，人称老泉，系水河之源。一九五八年测量，涌水量最大每秒二百五十五升，泉如万珠喷溅，水盛高达数尺，清澈甘冽，鱼翔浅底，冬温夏爽，为莱芜四十九处源泉之最。二十世纪八十年代后，工农业用水俱增，饮水改善，泉池失修，泉水减少，今夏罗明华率村民重修，以泉育贤良，源远流长。记之。"

1991年版、2014年版《莱芜市志》均记载口镇泉头村有个腰泉。该泉于1958年实测涌水量为254.88立方米/小时，在莱芜诸泉中位居第二；最小涌水量为180.29立方米/小时，在莱芜诸泉中位居第一。

以上两书均未记载泉头村的今恩波泉。这是怎么回事？罗祥永认为，《莱芜市志》应该是把泉头村的老泉误为腰泉。腰泉在老泉的下游，属于邻近的上水河村。泉头村 65 岁村民罗明国说，附近泉子很多，老泉是其中出水最旺的，比腰泉大得多，当年调查人员到此检测泉水肯定是选出水最旺的，因为"老""腰"二字音近，所以把泉头村的老泉误记为腰泉。

另据了解，在恩波泉下游偏西北五六十米的位置，过去还有一个涌量很旺的泛花泉，当地人俗称"花泉"。泛花泉泉眼很深，泉水顶着沙子往上冒水花。如今泛花泉已经被泥土湮没，但村民都记得泉址。村里曾计划在泛花泉旧址清淤，让泛花泉重见天日。

腰泉

腰泉位于莱芜区口镇街道上水河村的水河北岸。1957年，莱芜县水利局对境内山泉调查时，记载为"腰泉"。在当地人的传说中，它还被称为"妖泉"。

作为自然村的上水河村，因地处水河上游而得名。与之比邻的泉头村则处在上水河的上游，两村之间隔着一条公路。公路西侧的水河河道里，被石坝拦成一个塘坝，塘坝再往下，原本笔直的河道被人工向外扩出一块，

腰泉泉口　董传龙摄

清澈的腰泉泉水　董传龙摄

　　形成一个鼓鼓的圆肚。腰泉就在这个鼓肚的堤岸下，从水河北堤岸边的一个 1 米来高的石洞中涌出，排入水河。

　　2020 年 8 月济南泉水普查时，腰泉附近出水点颇多。上水河村党支部书记高庆东说："除了泉洞里这个泉眼外，河道里还有一个大泉眼。这两个泉眼就像腰子一样，一边一个，所以叫腰泉。至于小泉眼，这周边就很多了，你看，不时会有冒泡的地方。"据他介绍，2017 年统一治理河道时，出于截弯取直的考虑，腰泉被填埋掩盖。此后，不断地有老百姓给村委会提意见说，这个腰泉存在很多年了，虽然现在大伙儿吃水不靠它了，但这个泉子是村里的一景，还是得把它'治'出来。2020年6月，应村民要求，上水河村委会组织人在腰泉旧址重新施工，挖出了出水口，使沉睡3年的腰泉起死回生。

传说泉边上原有一棵古树，有人起早来取水时，发现树上竟然有个两岁孩子大小的蜘蛛，从树上吐出一根白亮亮的蛛丝。打水人吓得拔腿就跑，扁担和瓢都不要了。此事一传十，十传百，大家都说这个泉子是妖泉，泉洞中住着蜘蛛精。有一年下雨时，泉边的大石梁因被雷电击中而裂开，老百姓又传说，这是雷神在打妖精。泉头村村民罗明国说："妖泉有蜘蛛精肯定是假的。但我小时候，确实在这泉子的石窟窿里见过大蜘蛛，比茶碗口小不了多少。"

另据了解，上水河村原来还有一个夹谷泉，位于村南面一个厂区里头。

黑虎泉

黑虎泉位于莱芜区羊里街道黑虎泉村，因传说古时候有黑虎来此饮水而得名。泉水从村子中部大岩石下的方孔流出，通过地下管道，流向一个葫芦状的泉池。村民在泉边修建了一个袖珍广场，大岩石上镌刻着"黑虎泉"三个字。

据村碑记载，明朝初年，尹姓从东温石迁此建村，因当地有黑虎泉而得名"黑虎泉村"。2020年8月，黑虎泉村党支部书记魏玉香给泉水普查队员们详细介绍了黑虎泉的传说。

相传，明朝万历年间，营子村有个大财主刘沫子，从营子村到杏山一带，都是他家的地。刘沫子养了一百匹马，早晨放出去，太阳落山时马群会自动归圈。一天，刘沫子发现他家的红鬃马回来时汗淋淋的，怀疑有人偷偷骑了他的马。次日，他带着干粮尾随马群来到杏山上，悄悄藏在马场的石窝里，想看看是谁在偷用他的红鬃马。等到傍晚时，突然发现一只大黑虎翻山跳涧而来，马群顿时炸了营。那匹红鬃马却临危不惧，只见它竖起顶门鬃，蹬开四蹄冲向大黑虎。大黑虎虽然爪牙锋利，凶猛异常，但红鬃马灵活躲避，并通过威力无比的尥蹶子一次次逼退大黑虎。它们斗了几十个回合，不分胜负。最后，红鬃马大汗淋漓地护送马群回家，大黑虎跑去泉边喝水。刘沫子回家后激动不已，心想我的红鬃马若是不被顶门鬃挡住眼睛，一定能战胜大黑虎。于是，

黑虎泉 邹浩摄

他自作主张，抄起剪刀将红鬃马的顶门鬃全给剪掉了。可是，第二天，他的红鬃马出去后，再也没有回来。原来，红鬃马因失去了顶门鬃而威风大减，被大黑虎给吃掉了。从此以后，人们就把杏山脚下的山泉叫作"黑虎泉"。

饮鹿泉·孝子泉

　　饮鹿泉和孝子泉位于莱芜区雪野街道王老村。饮鹿泉得名与传说黄巢第三子黄天开射鹿取水有关。孝子泉，则与当代一位孝子有关。

　　王老村村南有一条东西向五六米宽的小河，乃通天河（嬴汶河支流）的支流，河中架有一座2米多宽的板桥。板桥桥面南部有个方形井口，里面泉水灵动而清澈，与桥下流动的有点混浊且泛黄的河水形成鲜明对比。这口泉井就是传说中的饮鹿泉。它乍看上去像是处在河中，其实它处于小桥南部的引桥区域，井壁与河道紧挨着。井中泉水面高于河面，泉水与桥下的河水相依相伴，印证了"井水不犯河水"的俗语。据了解，

2021年新修建后的饮鹿泉　董传龙摄

饮鹿泉原来处在小河南岸，后来小河整修拓宽，饮鹿泉正挡河道，当地人敬惜泉源，特意在此收窄河道以绕开泉井，同时建了一座小桥，将饮鹿泉留在小桥南部的引桥区域。

孝子泉位于王老村村外东北通天峪渡槽下边，是小河沟岸边的一口泉井，井深 5 米，井口呈方形，边长约 0.4 米，井口内可见清澈泉水。过去，孝子泉曾叫"天牛泉"。传说天上的牛常到这里来吃草饮水，因此通天峪曾叫"牛栏峪"，而峪前的这个泉就叫"天牛泉"。

位于桥头的饮鹿泉，颇能体现"井水不犯喝水"　雍坚摄

2020 年 8 月济南泉水普查时，王老村党支部书记张建华介绍了两泉在当地的故事。饮鹿泉的故事源远流长，传说唐末黄巢起义时，曾派他的三儿子黄天开率军攻打莱芜城北的锦阳关。黄天开将军队驻扎到通天峪一带后，适逢此地大旱，几路人马四处寻找水源。焦急万分之时，一个士兵飞报发现了泉水。黄天开让士兵带路，沿着干枯的通天河一直向西，来到雕栏山下。只见一群野鹿卧在沟边，用前蹄在奋力地刨地。黄天开张弓搭箭，射向鹿群。只见五彩光芒一闪，鹿群没了踪影，在它们刚才聚集之处，有一股清泉正汩汩上涌。"此乃天助义军！"黄将军仰天长啸，遂派重兵保护泉水，并将此泉命名为"饮鹿泉"。

孝子泉　雍坚摄

　　孝子泉则与一个感人至深的真人真事有关。此泉原名"天牛泉"，所在地名叫"拐子地"，过去这里是村民陈老顺家的口粮地。陈老顺和儿子陈庭俊常带着干粮到拐子地劳作，用天牛泉的水浇地，渴了就俯身喝口天牛泉的水。抗战时期，陈庭俊参加了革命；解放战争时期，他参加过莱芜战役、济南战役，后来又随军南下，成为一名团级干部。新中国成立后，他在福建仙游县武装部工作。后来，陈老顺因病去世。回家安葬完父亲后，陈庭俊念及老母亲一人在家无人照顾，于是申请调回莱芜工作。他用小推车把母亲推到莱芜县城的新家居住，没想到母亲水土不服，三天两头闹肚子，陈庭俊就听从医生建议，每隔十天半月就回老家一次，取天牛泉的水给母亲喝，直到老母亲 95 岁无病而终。村里村外的人，都称陈庭俊是大孝子，而天牛泉也因此被称为"孝子泉"。

　　王老村村西的雕栏山是莱芜著名的高山，海拔 900 多米，植被丰富。依托得天独厚的自然条件，王老村近年来在调整产业结构、开发乡村旅游、建设美丽乡村方面持续发力，先后获得"全国小流域治理先进单位""全国环境保护先进单位""中国乡村旅游模范村""全国生态文化村""全国文明村镇""国家森林乡村"等多项荣誉称号，成为乡村旅游网红村。每年夏秋，慕名前来旅游和看泉的游客络绎不绝。

东沟泉

　　东沟泉位于莱芜区雪野街道胡家庄村，因位于胡家庄村东的沟里而得名。泉口处用大石砌成一个接近正方体的泉池，顶部封盖，状如一块方方的切糕。

　　特别有意思的是，东沟泉设置了"绿色开关"：泉水的三个出水孔各插着一根短短的木棍。这三根裹着塑料袋的木棍，就是泉池的开关。拔出木棍，清亮的泉水就流了出来，三股清流交叉着，流进庄稼地旁边的沟渠。东沟泉原来是个天然泉，当代，为方便人们取水，才改建为全封闭泉池。由于泉水水质优良且洁净，平日都有村民来接水，也有游客慕名而来。

东沟泉的"绿色开关"　邹浩摄

东沟泉周边景况　邹浩摄

　　据村碑记载，明代中叶，刘姓从茶业口镇刘白杨村迁此建村，当时村北槲树成林，曾名"槲家庄"，后因谐音改名为"胡家庄"。2020年8月济南泉水普查时，村"两委"委员刘文锋介绍说，胡家庄从来就没有姓胡的。村子原有刘、善两姓，现在善姓已经没有后人在村里居住，又有张、王等其他姓氏陆续搬入，不过，刘姓村民依然占绝大多数。据了解，胡家庄有三大槲树场，分别位于村子的北、西、东三面。老树盘根错节，新株亭亭如盖，远远望去，气势非凡。

　　齐长城莱芜段关隘设在两山之间或交通便利的要道上，主要有三大关、十二小关。十二小关之一的胡家庄关，就位于胡家庄村北。胡家庄段的齐长城有三四里长，一直保持着原始风貌。近年来，不少游客自驾到齐长城胡家庄段来探幽怀古，顺便来东沟泉接桶水，带回家饮用。

白龙泉·西泉子

　　白龙泉和西泉子位于莱芜区雪野街道官正村。白龙泉位于官正村的正东，也叫"东泉"，俗称"东泉子""老泉子"。西泉子位于官正村村西。

　　白龙泉过去是自然出露状态。几块大石头压着泉眼，泉水全年水温15℃左右，冬天泉口处冒着白气。为了方便群众饮水，官正村村委会修建了封闭泉池，安装了3个出水管，还在泉池两侧修了台阶。泉池右侧地上有一块大石，上镌"白龙"二字。

　　西泉子的泉池也是封闭的，有一个出水管正在哗哗出水。村里在西泉子靠山的一侧修了堰，防止山上的泥石流造成事故。从地面到泉池都有台阶，泉池与河道之间有平台作为过渡，方便村民取用。

白龙泉　李震富隆摄

037

西泉子　李震富隆摄

2020年8月25日，济南泉水普查队赶到官正村时，这里刚下过雨，通天河河道里有3个小塘坝，上面的河水冲下来，借着地势的落差，形成非常美观的小瀑布。官正村党支部书记兼村委会主任朱从生介绍说，村里在九龙山建有水源地，实现了自来水入户，但是大多数村民还是习惯喝白龙泉的水。白龙泉是个长寿泉，常喝这水能延年益寿。村里90岁以上的老人有8位，80岁以上的27位。

官正村地处大山深处，村西九龙山主峰海拔894.4米。此处山高谷深，抗战时期，泰山区抗日根据地的兵工厂、被服厂、野战军医院曾设于此。如今，官正村南的通天大峡谷里尚有两处兵工厂旧址。

河北崖泉

河北崖泉位于莱芜区雪野街道马家峪村。泉子正好处于河北岸的河沿上，故名"河北崖泉"。

河北崖泉是一口位于路边的方口圆壁的泉井，原来一直为村子供水。由于泉子离大路比较近，村里就在井上加了盖，既保护水源，又可防止发生意外。村子里有一东西向的小河，流向雪野水库，为村子生活、灌

河北崖泉　李震富隆摄

溉提供了不少便利。2018 年，村里在村子东南坡上打了 100 米深的水井，铺设了自来水管道，大部分村民就不再喝河北崖泉的水。在村子的东边还有一眼老牛槽泉，泉口处由自然石垒成，因形似牛槽，故名，旧时老牛槽泉也是村民的饮用水源。（注：老牛槽泉未被列入 2021 年《济南市新增 305 处名泉名录》）

"除了能饮用，河北崖泉的水还能治瘿病。"2020 年 8 月济南泉水普查时，57 岁的村党支部书记王怀斌介绍说："村子里有好几个人脖子根儿起疙瘩，因为喝了河北崖泉的水，疙瘩就自己消除了。"瘿病俗称"大脖子病"，一般与甲状腺疾病密切相关。有的山泉水含有溴、碘、锌、锂等多种有益人体健康的微量元素，对于瘿病的治疗确实有积极作用。

大泉

　　大泉位于莱芜区雪野街道西站村大泉沟，俗称"大泉子"。此泉四季出水，水质甘甜。

　　从西站村村委会一路南行，跨过公路后，走进流水潺潺的大泉沟的河道中，就能看到被村民精心保护的大泉。泉口用石板砌为方形，边长0.4

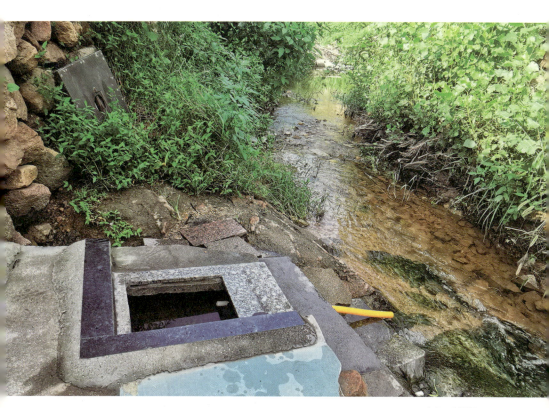

大泉　雍坚摄

米，泉水充盈，约半米深，几乎漫到了井沿，清澈的泉水通过一根 1 米来长的黄色塑料水管排入沟中，与沟上游流下来的山水汇为一体。经泉水普查队队员现场检测，大泉的 TDS（溶解性固体总量）值为 217 毫克/升，适宜饮用。

2020 年 8 月，西站村村委会妇女主任张爱英向济南泉水普查队介绍说："我们全村 800 来人，已经从平房民居上楼 10 多年了，用上自来水后，还是有不少村民专程到大泉来打水。因为这个水特别好，用它煮饭做菜味道不一样。附近开饭店的也经常过来拉水，用它炖出的鱼头，味道格外好。"普查队一行在大泉附近逗留半个来小时，就先后有三拨人拎着水桶下来打水。他们中有西站村的村民，也有远来的游客。

在大泉旁边的菜地里，76 岁的西站村村民朱庆明正在整修菜畦。因为有大泉沟水源的滋润，菜地里所种的大葱、白菜、茄子、毛芋头都长势喜人。"这个泉子从古就有。我小的时候，人们上坡时都趴在这里喝水。"朱庆明说，"因为泉子水旺，所以都叫它大泉子。全村就这一处泉，现在章丘、莱芜等多地游客都到这里来灌水。"

打水泉·北泉

　　打水泉和北泉都位于莱芜区雪野街道南栾宫村。几百年来，南栾宫村村民生息繁衍，都是打此处的泉水喝，故泉名为"打水泉"。北泉隔河道与打水泉对望，因位于河北侧，故名。

　　一条弯弓状的河穿南栾宫村而过，先是东南—西北走向，然后变为东北—西南走向。在这条河的弧顶处有一道正哗哗溢水的拦水坝。从南

打水泉、北泉位于南栾宫村运粮河两侧　董传龙摄

侧河崖上沿梯走到拦水坝，再下几级台阶，有个扇面平台，平台上有个长方形泉池，目测长约 70 厘米，宽约 50 厘米。泉池南壁上有根没有阀门的两寸黑铁管，清澈甘洌的泉水正溢管而出，这里便是南栾宫村世世代代的饮用水源——打水泉。过去当地曾传说，打水泉内有一对金蝈蝈，夜定时分人们就能听到金蝈蝈的声声叫唤。而真正神奇的是，不管天旱天涝，泉池水位从不见明显变化。

2020 年 8 月 26 日，济南泉水普查队在现场考察打水泉时，发现打水泉对面的村河堤岸中间有个 50 厘米见方的正悬空往外排水，清澈的山泉在下泻过程中形成一个 1 米多高的小瀑布。"这里也是一处水泉子，没有名字，泉水来自村北的山体，每年夏天都会出水。我们村这条河是个分界线，河北面是青石山，河南侧是砂石山。"雪野街道南栾宫村党支部书记王子云介绍说。他的话引起八〇一水文地质工程地质大队工程师徐聪聪的重视。经徐工现场勘查，这条河南北两侧的地质分别是灰岩

北泉位于南栾宫村运粮河东侧　董传龙摄

打水泉位于南栾宫村运粮河西侧　董传龙摄

和花岗岩，河流所处的位置应该就是灰岩和花岗岩之间的接触带，所以这里会有泉水出露。有意思的是，河南侧的打水泉与河北侧石壁上的无名泉，两泉相距虽然只有十五六米，可它们并不是一种泉。从受力成因上分析，济南的泉水可分为上升泉和下降泉两种：上升泉多位于地势平缓之处，如济南市区诸泉；下降泉多位于山脚峪底，如济南南部山区的多数泉。初步判断，打水泉为上升泉，无名泉是下降泉。

对两泉水质的检测结果也佐证了徐工的说法，打水泉的 TDS（溶解性固体总量）值为 287 毫克 / 升，而无名泉的 TDS（溶解性固体总量）值却超过了 400 毫克 / 升，如果二者同源，不会有这样的差别。通过查阅相关泉水文献发现，在相距不足 20 米的空间内，一眼上升泉与一眼下降泉同时出水，这种情形在济南城内尚无先例。

"过去的泉池是用大石头围起来的。1964 年前后，驻村医生出于对饮水卫生的考虑，建议重新修砌泉壁，用水泥堵住石缝，然后加高泉台，上口用条石封盖，条石下安一个出水铁簸箕，待水位抬高后，泉水会从簸箕口流出。村里照着他的提议做了，却不见泉水流出。打开盖石一看，水面仍旧停在原位。不得已，村民只得将盖石重新去掉。"在王子云看来，打水泉有些神奇。更神奇的是，常喝此泉的水，有延年益寿的功效。2020年，村里最长寿的杨玉善老人101岁，96岁的王长恩老人、92岁的贾传顺老人还能上坡摘花椒。因此，打水泉又被称为"长寿泉"。

笔者在现场看到，由打水泉往上，先后修建了四道带泄洪槽的拦河坝。正值雨季，上游山水层层叠落，形成一道美丽而灵动的景观。在村河的东南端，为方便游客欣赏水景，村里在河道两侧修建的栈道已具雏形。

2021年，济南市城乡水务局莱芜乡村振兴服务队和八〇一水文地质工程地质大队通过协调沟通，决定对南栾宫村的打水泉和无名泉进行整治提升。济南市城乡水务局泉水遗产处组织设计力量进行设计，本着亲民、利民、便民和尊重自然生态的原则，多次征求村民意见，并根据打水泉主要是供村民饮用，无名泉主要用于洗衣、洗菜等不同用途，进行差异化设计和整治提升。因无名泉位于打水泉北侧，就将其定名为"北泉"，两泉旁边分别立石，镌泉名于其上。

小趵突泉·东泉

　　小趵突泉和东泉位于莱芜区雪野街道北栾宫村。一条自东北向西南延伸的河道从村子南部穿村而过，北栾宫村世世代代的饮用水源——西泉和东泉就位于这个河道沿线。2020 年的泉水普查，还发现了一眼与东泉相隔不足 10 米，水量丰富的小趵突泉。

　　西泉位于北栾宫村河道北岸一座民居大门外，南距河道约 10 米，外观是一个盖着铁皮井盖的圆口井。掀开铁皮井盖，里面是石砌方池，泉

小趵突泉　雍坚摄

位于桥西的东泉井口　雍坚摄

水清可鉴人，水面距井口约 2 米。此泉过去是村民主要饮用水源之一，泉水通过石缝潜流排入南侧河道，雨季一般也无溢流现象。20 世纪 90 年代，村里用上了自来水，村民才把它作为备用水源加以封盖。（注：西泉未列入 2021 年《济南市新增 305 处名泉名录》）

由西泉沿着河道岸边的水泥路向东步行约百十米，可见一座跨河的小桥，桥南岸西侧岸边有个面积约 10 平方米的平台，北栾宫村的东泉就位于此，被村民修成了一个留有方形井口的泉池。东泉与西泉之名，是相对而生的，因为它们所处的位置一个在东，一个居西。所不同者，东泉通过西面池壁中间的铁管向外出水，泉水源源不断地排入旁边的河道。

"我年轻的时候，有一年缺水，下去挖过这个泉的泉眼。它的泉眼在池子的东南角，泉水是从南面山坡过来的。小桥东面的河道里还有股泉水，和东泉水不是一个来路，那个泉子的水是从北崖过来的。"时年 94 岁的郇宜胜老人介绍说。

郇宜胜老人所说的河道中的泉子，与东泉相隔不足 10 米，是一处自然出露且上涌的上升泉，雨季尤其明显。十几年前，北栾宫村组织人清理了河道里淤积的土石杂物，这个河中泉的品质因此得到提升。"村里有些人管它叫'小趵突泉'。"北栾宫村委会主任杨之水说。八〇一水文地质工程地质大队工程师徐聪聪下到河底去近距离观测，发现这个小趵突泉竟然有4股水自河底涌出，在旁边的北堤岸根部，还有两股水从石缝中涌出。因为有清泉持续喷涌，河道中在此处形成一个清澈的水洼。经测量，小趵突泉的水温为14.9℃，而旁边从河道上游流下的河水温度为16.9℃。这2℃的温差，说明此处实实在在地存在"井水不犯河水"的现象。

北栾宫村于明初建村。相传有栾姓拳师在此教练武艺，且颇有声望，人称"栾公"，久而久之演变为村名，后谐音为"栾宫"，又因重名，按方位称为"北栾宫村"，其南侧为南栾宫村和东栾宫村。村内河道上尚存清代古石板桥一座，板栏和望柱风化严重。除了古石桥，村内还保存着两座古庙。一座是距西泉子不远处的关帝庙，另一座是位于村委会西面的观音庙。观音庙前的银杏树挺拔粗壮，树龄已逾200年。

大泉子

大泉子位于莱芜区雪野街道鲁地村东南角的南岭之下，处在两个 4 米多高的花岗岩巨石形成的夹角之中。原为自然出露的山泉，过去是全村的饮用水源。

从鲁地村村落延展的风貌可推断，古时候人们在此择地建村时，应该就是因为此地有泉水常年出流且水源充沛。为了取用水方便，鲁地村村民前几年在泉口附近挖凿了一个长 2.5 米、宽 2 米、深 1.5 米的小泉池，并棚盖起来，泉池顶上仅留方形井口。2020 年 8 月济南泉水普查时，实

大泉子井口内泉水清澈　雍坚摄

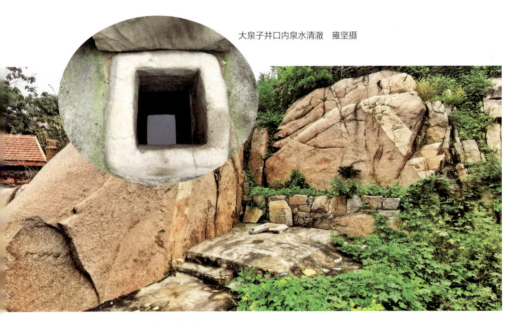

大泉子井口位于巨石夹角中　雍坚摄

大泉子之水出流后形成的泉池　雍坚摄

测井下水深 1.2 米，泉源从东侧池涌出，通过暗道排入小泉池西侧的露天大泉池。这个露天大泉池依山砌筑，长约 10 米、宽 8 米、深 2.5 米。正值泉水喷涌旺季，泉水通过大泉池的石缝和泄水口流入穿村而过的小河道，顺势而下的泉水发出哗哗的流水声，为寂静的山村平添了一道自然而灵动的水景。

"以前全村人都到这里来取水，人多时得排队。那时候泉口附近有个水池，水少时得用舀子往水桶里舀水。"鲁地村党支部书记孟令君介绍说。在小泉池南侧、大泉池东侧，还有一个积水的石坑，里面长满野草。据鲁地村村委会文书杨庆太介绍，那里就是过去积水的自然泉池，世世代代的鲁地村村民都管它叫"大泉子"。到大泉子挑水，村民们需要一路上坡，打满水桶后，又得一路下坡，颇为不便。现在村里通了自来水，大泉子泉口的小水池成了全村的备用水源，偶尔停水时，才有村民过来取水。小水池下面那个大水池则是一个小型养鱼池。

鲁地村村北至今保存着一个颇有名气的鲁地便门，历史上它是锦阳关的东便门——东关。相传鲁地村之名源自春秋战国时期，因位于齐长城南，属鲁国地，故名"鲁地"。

战国古井

　　战国古井位于莱芜区雪野街道北部的娘娘庙村。娘娘庙村因娘娘庙（碧霞宫）而得名。现在娘娘庙早已成为历史，不过，在娘娘庙旧址下方不远处尚存古井一口，其历史远比娘娘庙更为久远，它就是战国古井。

　　如今的战国古井有两道井栏围护，井口是在一块白色整石上挖出的圆洞，井沿上被井绳磨出一圈深深的沟痕。从井口下望，深不可测。井壁是用不规则条石砌筑。2020年8月，娘娘庙村党支部书记毕延成介绍说，这口老井深达30多米，没法使用辘轳，过去村民在此"拔水"（汲水）都是用井绳，所以井沿上被"拔"出一道道深沟。在1986年通自来水之

战国古井　左庆摄

前，古井是全村 500 多口人的主要饮用水源。2013 年，当地对古井进行了保护性修复，为古井增加了井栏，并雕刻花纹，增加其美观度。

更令人惊叹的是古井的历史。毕延成介绍说："这个老井相传是修齐长城的时候挖的，供民工取水。后来修了锦阳关，也是供路人饮水的地方。"据了解，一般农村的水井很少有这么深的。30 多米深的古井，在漫长的历史岁月里，只有不断维护、加固和疏浚，才能一直保持其水源井的功用。

无独有偶的是，2017 年，村里整饬古井旁地基时，在不远处的山根下又挖出一口方口古井。"这个方口井只有几米深，很浅，但其历史可能比那个圆井更早。应该是挖出圆井后，就把这方口井废弃了。"毕延成说，"为了保护方口古井，村里又加高了方口井的井沿，还在周围修了一个月牙形的泉池。别看旱季无水，到了雨季，池子里都是水，井内的泉水还会溢出来。"

除了这两口古井，娘娘庙村至今还保留着许多历史遗迹，有泛着青光的狭长石板路，有因泥土淤积半掩半现的摩崖造像，还有拆了娘娘庙用原石料修建的村东石桥。这些古迹可概括为"八大景"：换门关、石人前、八盘山、地牢狱、青龙湾、八棱桥、锦阳关、千层顶。这里面，最出名的要数位于村北的锦阳关城楼。这个城楼为当代仿古建筑，从234 省道经过时，远远就能看到。在锦阳关城口旁边，是颇有代表性的、东西长约 15 公里的一段齐长城。齐长城的构筑已有 2500 多年的历史，比秦长城还要早，是地球上现存最早的大型壁垒建筑。在研究者眼中，这段齐长城还被称为"清长城"，因为清末为防止捻军"进犯"，在齐长城基础上加固加高，增设了垛口。从独特性角度说，这段在齐长城基础上构筑的清长城，还是国内保存最为完整的一段清长城。

牛王泉

　　牛王泉位于莱芜区牛泉镇东牛泉社区牛王泉主题公园内，为莱芜历史名泉，旧称"牛王山泉"。清康熙十九年（1680）《山东全河备考》一书最早记载了"牛王山泉"，当时泉域很大，"长二里半"，泉水向西北方流入汶河。光绪《莱芜县志》及民国《续修莱芜县志》均载有此泉，改称"牛王泉"，泉名延续至今。

　　今牛王泉泉池外观大致是一个状如葫芦的圆角梯形，上底宽约8米，下底宽约30米，高约40米，总面积700余平方米。泉池内立有一尊金

航拍牛王泉　孙若曦摄

牛王泉泉池　张善磊摄

牛塑像，泉池周边种植了石榴树、核桃树、李子树等。泉水虽然看不到涌动，但泉池内水质尚可，比较清澈。

　　"牛王泉所在土地属集体用地，在社区改建施工中保留了泉水主题公园，泉眼就在金牛雕塑下面。牛王泉以前水咣当咣当往外冒，整个沟里都是水，全庄人吃水都到这里来挑。" 2020 年 8 月济南泉水普查时，东牛泉社区党支部书记姜荣秀介绍说，"从莱芜铁矿开始建矿，牛王泉就没有多少水了。在莱芜铁矿开矿以后，咱这个泉就堵了，平时看不到泉水往上冒了。"

　　关于牛王泉的传说，在莱芜有多个版本，主旨都是"牛王挑泉"。以下为牛泉镇西牛泉村鹿怀明整理的"牛王泉传说"梗概。

　　600 多年前，汶河南岸平原沃野上有个土地肥沃的村子叫洛庄。一位外地财主看中了这块风水宝地，在此购置了良田千亩，还养了 99 头牛，并雇佣一个十几岁的孩子帮他放牛。洛庄东面有个大水塘，放牛娃每天都会赶着牛群前去喝水。一天傍晚饮牛时，放牛娃发现 99 头牛变成了 100 头，经仔细查看，发现多出来的是一头膘肥体壮、犄角粗长的牛。他走上前，牛还冲着他颔首摆尾地打招呼。牛群饮完水，太阳也落山了，此时再找那头牛，却消失不见了。转眼 3 个月过去了，每天傍晚那头牛都会混进牛群。此事被贪心的财主发现了，他认出那头牛是神牛，于是，财主命人在自家的 99 头牛的角上系上红布条。等到再次饮牛时，很容易就认出了神牛。财主一声令下，家丁们手执棍棒、绳索和火铳冲向了神牛。神牛左冲右突，不肯就范。财主命家丁对着神牛开枪。砰的一声巨响后，神牛被打中了，只见它把一只犄角抵入地下，"哞"一声，平地挑出一个粗若大缸的泉眼。然后神牛双角抵地，向西北方奔去，转眼就没了踪影。在神牛身后，出现一条一丈多深的深沟，泉水顺着这条深沟直入汶河。

神牛掘出的泉就是现在东牛泉村东的老泉头，神牛拱开的沟就是村北的泉崖。为了感念神牛拱地出泉，人们把老泉头称为"牛王泉"，把洛庄也改称为"牛王泉庄"。多年以后，随着人口渐多，牛王泉庄又分成东牛王泉庄、西牛王泉庄。1958 年后，两村又称为"东牛泉村"和"西牛泉村"，而东牛泉村就是今东牛泉社区。

阳沟泉

　　阳沟泉位于莱芜区牛泉镇大荒峪村南边大约 2 公里的山路边，村民俗称之为"阳沟泉子"。此泉本是一眼无名山泉，20 世纪 60 年代，村子响应上级号召，修建了蓄水池，把泉水从村外引进村里。因为条件所限，就用露天阳沟把泉水引下来，还建了两个蓄水池，一个供饮用，一个供生活、灌溉。因为开挖了引水的阳沟，无名山泉遂得名"阳沟泉"。

　　2020 年济南泉水普查时，大荒峪村党支部书记刘刚介绍说，阳沟泉

阳沟泉　张善磊摄

阳沟泉泉池　张善磊摄

子全年都有水，雨季更旺一些，旱季水量小一点，但是不会间断。现在村里打了深水井以后，村民不再饮用蓄水池的水。在蓄水池边，村里加高了青石墙，以保护居民安全。由于长时间不用，蓄水池里的水比较污浊，但从池壁上还能看到冒出泉水，像一串串珍珠轻轻涌出。

　　除了阳沟泉，大荒峪村村南的黑峪还有一眼灰泉，因为泉口附近的岩石颜色呈深灰色而得名。灰泉有很强的季节性，一般只在雨季出露。（注：灰泉未列入2021年《济南市新增305处名泉名录》）

　　大荒峪村位于莱芜区政府驻地西南9公里处。据村史记载，清中期，刘文进从淄川南侯迁来本地八里沟村暂住。刘文进有二子，长子刘玉美去了现在的方下镇石桥村，次子刘玉清则在现在的牛泉镇大荒峪村旧址结庐而居。当时就是一条荒草丛生的大山峪，峪名演变为村名，遂称"大荒峪村"。

老泉

　　老泉位于莱芜区牛泉镇东上庄村村西南山坡下。岩石下有个出水口，整个泉池像个宝葫芦，老泉的泉水出口正好位于葫芦蒂处。泉池长约5米，宽2～3米，泉水汩汩而出，泉池内水近1米深，清亮透明。

　　老泉旁边，在公路的另一侧有一个大蓄水池，是东上庄村在20世纪70年代修建的。村子里也打了机井，能基本保证农业种植的需要。蓄水池水量充足，四壁建造很规整。2020年8月，牛泉镇水利站毕泗杰站长

老泉　孟庆龙摄

东上庄老泉　孟庆龙摄

介绍说，蓄水池是 2012 年加固的，老泉的泉池，也差不多是同一时间建设的。老泉为季节性出涌，水量不大，雨季有，旱季就没有了。因此，老泉虽然能用于灌溉，但并不是灌溉的主要水源。东上庄村的灌溉还是靠蓄水池和机井。

据村碑记载，东上庄是在南宋开禧二年（1206）由张姓建村。因址在岭上，曾名"上庄"，后因重名，冠以"东"字。东上庄亓氏宗长亓裕厚家的古楼原位于村西北，共 5 层，高约 5 丈。此楼曾是莱芜第一大高楼，可惜于 1958 年被拆除。

丫丫葫芦泉

丫丫葫芦泉位于莱芜区牛泉镇茂盛堂村东部的河道边，因泉池形似丫丫葫芦而得名。

丫丫葫芦泉所在的小河，名叫"石河"。泉边有两棵大柳树，柳树得泉水灌溉之利，长得特别高大。柳树旁有台阶，步下台阶，到石河河道旁，就能看到盖着水泥预制板的泉池。泉池原来呈丫丫葫芦状，泉水从葫芦中间部位流出。丫丫葫芦泉水位高，不需要用井绳，就能轻松提取。

2020年8月济南泉水普查时发现，丫丫葫芦泉的原始井口已经被覆

丫丫葫芦泉　董传龙摄

航拍丫丫葫芦泉所在村庄　孙若曦摄

盖。把预制板抬起后，可见现在的泉池接近多边形，已经不是丫丫葫芦形状。丫丫葫芦泉的出水孔与河道相通。由于泉水水位高，河水并不能倒灌进井水。从颜色上看，河水与泉水也迥然不同。丫丫葫芦泉清澈晶莹，河水则颜色发绿，较为混浊。经八〇一水文地质工程地质大队工程师确认，丫丫葫芦泉属于上升泉。

　　据了解，丫丫葫芦泉旧时是村民的主要饮用水源。20世纪90年代，村里在村北打了一口机井，村民喝上了自来水，到这里打水的人少了，只有住得近的人家还喝这里的水。据记载，明朝初年，吴姓由河北省枣强县迁此建村，因此处依山傍水，土质肥沃，是人丁兴旺之地，所以取村名为"茂盛堂"。茂盛堂村党支部书记刘同孔说："茂盛堂有一副对联传了好多年：'南邻杏山千古秀，东靠石河水长流。'这副对联把俺村的地理特色写得很形象。"

灰泉

　　灰泉位于莱芜区牛泉镇鹁鸽楼村西南1公里处。泉池1米见方,保持着自然出露状态,附近的村民多用泉水来灌溉庄稼。

　　2020年8月,鹁鸽楼村村委会主任王敦光介绍说:"从前的灰泉,下雨后水量很大,泉水很甜,夏天又清凉。"20世纪80年代,村子在灰泉一侧修了机井。现在的灰泉水量不如从前,只有雨季有水。

　　在济南名泉中,"灰泉"当属重名最多的泉名,一般因泉水出露处的岩石或泥沙颜色较深、在视觉上感觉泉水颜色发灰而得名。检索2005

鹁鸽楼村灰泉　李震富隆摄

灰泉　李震富隆摄

年《济南市名泉名录》可知，在645处名泉中，叫灰泉的多达7处。2021年，鹁鸽楼村灰泉被列入《济南市新增305处名泉名录》，成为济南名泉中的第8个灰泉。

鹁鸽楼村坐落于云台山后、小石河两旁，明代永乐年间由黄姓建村。云台山中天然洞穴甚多，有成群鹁鸽栖息。村内有二层小楼，引鹁鸽入内，群起群落，在此栖息繁衍，因此，村庄得名"鹁鸽楼"。鹁鸽楼村风景秀丽，人杰地灵。1932年秋，中共莱芜县委在鹁鸽楼村南云台山和尚洞成立，鹁鸽楼村刘仲莹为第一任中共莱芜县委书记。1935年10月，中共山东省工委于鹁鸽楼村刘仲莹家的二层小楼成立，刘仲莹被推选为书记。2022年，山东省工委旧址暨刘仲莹故居被公布为山东省第六批省级文物保护单位。

王泉

　　王泉位于莱芜区牛泉镇渐河村村东王峪石壁上。泉因峪得名，原来叫"王峪泉"，后来简称为"王泉"。

　　当代，渐河村村民于王泉下面修建了蓄水池，蓄水池长 10 米，宽 8 米，深 2 米左右。2020 年 8 月，渐河村发展顾问周锋介绍说："王峪泉水量充足，主要供灌溉用。这个蓄水池蓄水 100 多立方米，架上泵抽水浇地，水会减少，等不抽了，一晚上水就能涨上来。不管是山洪暴发，

王泉泉池　孟庆龙摄

还是久旱无雨，王泉这里四季出水。从前凡到王峪干活的人，都要先品尝泉水再下地。"

据了解，渐河村村外多泉，除了村东的王泉，村北有马眼泉和后山泉，村西南还有和尚泉。马眼泉处在马眼山峭壁上，虽然只有碗口大小，但一年四季既不外溢，也不干枯。后山泉在沟里，是村子的水源地，泉旁建有大口井。井里安装有水泵，供村民饮用。和尚泉在村西南的池塘里，又叫核桃泉。明朝初有位高僧在泉旁隐居，故名"和尚泉"。（注：上述三泉均未列入 2021 年《济南市新增 305 处名泉名录》）

渐河村于明朝洪武年间建村。关于村名，有个离奇的传说：很久以前，村边河里发洪水，村民集体逃到村北的寨山（云台山）上，因为庄稼没了收成，牲畜、鸡鸭也被洪水冲走，村民们禁不住号啕大哭，哭声惊动了寨山山神。为了击败兴风作浪的水妖，山神天天练箭，终于在一天夜里击败了水妖，洪水随之退去。后来，村民在耕田、打鱼时经常发现箭头，便将它们收集起来，堆积成片。为了纪念寨山山神，就为村边那条河起名叫"箭河"，后演变成"渐河"，渐河村也因此而得名。

南泉子

　　南泉子位于莱芜区牛泉镇祥沟村南 500 米处。因位于村南，故当地人依方位称之为"南泉子"。

　　南泉子保持着自然风貌，泉水自岩石下溢出，出水量不大，水深 0.3 ～ 0.4 米，泉池底部为碎石。2020 年 8 月济南泉水普查时，几个十来岁的小男孩正在南泉子里玩耍，泉池周围长有野草，四面是庄稼地，种着玉米和地瓜。祥沟村党支部委员纪秀美介绍说："南泉子不深，就是个大泉眼，长年不断。"

南泉子　孟庆龙摄

祥沟村为唐末农民起义军领袖黄巢落马处，所在位置也叫"狼虎谷"。唐僖宗时，黄巢战败，潜入此谷而死，由此得名"降寇村"，后依谐音而改称"祥沟村"。当代，祥沟村村内打造了黄巢文化广场，村内的几处古迹，都传说和黄巢有关。如位于村内的"一步三眼井"，青石上并排有三个水汪汪的小井口。传说黄巢带着家眷逃至狼虎谷（即祥沟），遭到唐军的堵截，饥渴难忍之时，黄巢用手中金枪在脚下石头上连戳三枪，戳出三个洞来，洞中涌出泉水，由此形成"一步三眼井"。在三眼井附近还有一处古井，井旁架设着两个辘轳支架。纪秀美介绍，古井井壁里有石洞，传说黄巢曾经在洞里躲藏过。村中还有一棵古槐，号称"莱芜第一唐槐"。传说黄巢在树下休息时，被其外甥林言所杀，割下他的首级去请赏。人们为纪念黄巢，把这棵古槐称为"将军树"。

北泉子

　　北泉子位于莱芜区牛泉镇蒲洼村村北山坡上，当地人依方位称之为"北泉子"。此泉常年出水，雨季尤为旺盛。

　　2020 年 8 月济南泉水普查时，北泉子从一堵地堰的石缝中悬空冲出，状如喷珠溅玉，与堰根山石激起哗哗的水声。北泉子旁边，是一座小土地庙，不知建于何时。在距土地庙不远处，村民用石块砌筑了一个百十平方米见方、三四米深的露天蓄水池。北泉子水流出后，顺地势流入这个蓄水池。蓄水池边，草木葱茏，与碧绿的池水交相辉映。

　　"这个北泉子的水很甜，也很干净。村民们到这一带上坡时，都不用带水，渴了捧起泉水就喝，从没有人喝了它闹肚子。"蒲洼村党支部

2000 年 8 月，蒲洼村党支部书记李福臣现场指认北泉子　雍坚摄

北泉子之水形成的泉池　雍坚摄

书记李福臣介绍说。因距村子较远，北泉子的主要作用是灌溉山坡上的庄稼。

明洪武二年（1369），葛姓由本镇亓毛埠村迁至蒲洼村一带建村。有字可考的建村史虽然只有600多年，但当地却流传着与先秦人物伍子胥、柳下跖有关的传说，这也为世人探究此地的远古历史提供了契机。据李福臣讲，北泉子西面那座山叫寨山，传说是柳下跖占山为王之处。西北方的将山，东北方的旗山，传说也与柳下跖有关。北泉子下面还有个东河沟，里面有个长约数丈、形态似龙的石过梁，当地百姓叫它"卧龙石"。卧龙石中间有条裂缝，传说是伍子胥鞭打卧龙石留下的痕迹。

西泉子

西泉子位于莱芜区牛泉镇北白塔村内,当地人依方位称之为"西泉子"。又因年代久远,村民还俗称它为"老井"。

西泉子外观是个边长 0.6 米的方口井,由井口下望,可见井筒为圆形,4 米多深。几百年来,全村都喝西泉子的水。开通自来水管道以后,只有附近住户才来西泉子取水,村民在西泉子泉井上盖了井盖。打水时,需要先把井盖打开。西泉子处在一个东高西低的斜坡上,泉水自井壁缝隙西侧流出。当地人就修了一条宽不足尺、长约 1 公里的水渠,将泉水

西泉子之水从井口外五六米处的墙下溢流而出　雍坚摄

西泉子之水沿水渠西流　雍坚摄

引向村西，用以灌溉庄稼。2020 年 8 月济南泉水普查时，西泉子出涌旺盛，泉渠内水流速度很快。西泉子泉边还有不少石屋。这些石屋有整整齐齐的石墙、褪色的老木门，古朴大方。

"西泉子的水虽然可以灌溉庄稼，但灌溉主要还是靠水库。水库在村子的西边，自西向东，和西泉子的水流向相反，也走这条 1000 米长的水渠。"北白塔村党支部书记徐学利介绍说。在西泉子西面 1 公里处的水沟中，原来还有一眼蛤蟆泉，近年来水量减小，出流不明显。（注：蛤蟆泉未列入《济南市新增 305 处名泉名录》）

西泉子井口　雍坚摄

　　北白塔村于明朝初年建村，最初为罗、白两姓，今村东有两个山峪即以他们的姓氏命名，东北方的叫罗家峪，西南方的叫白乡峪。北白塔村东门外，原有一座架在深涧上的青龙桥，传说古时有条青龙住在桥下，常兴风作浪制造水患。为镇住青龙，吕洞宾曾在桥旁建白塔一座。如今，传说中的白塔早已不见踪迹，但北白塔村、中白塔村、南白塔村作为村名却延续了下来。

阴阳泉

　　阴阳泉位于莱芜区牛泉镇南白塔村东南，一说因泉池中有两个泉眼出水而得名，一说此泉古称"殷阳泉"，因谐音而改称"阴阳泉"。

　　在南白塔村东南重崖山脚下，有一片地势平缓的谷地，种着郁郁葱葱的杨树。阴阳泉就位于杨树林边，目测是一个一二百平方米的长方形泉池，池水幽绿，距地面有2米多。肆意生长的荒草藤蔓"包裹"着泉池，

雨中的阴阳泉　雍坚摄

看上去有点荒凉。"这个池子里的水有六七米深，池子下面有两层，现在水已经漫过了第二层。"2020年8月，南白塔村村委委员周尚红介绍说，"这个泉子从来不干，泉眼大致位于池子东面偏南的位置。听说有人天旱抽干池水，下到泉眼处放水泵时，发现有两个泉眼出水，所以管它叫'阴阳泉'。"阴阳泉的水是南白塔村的主要灌溉水源，泉水通过暗渠排入下游的两个相连的塘坝，用来灌溉村西的千亩农田。

"听老人说，过去阴阳泉很旺，在雨季时能上涌好几米。20世纪70年代，村里为了抽水浇地方便，修建了现在的石砌泉池。泉北面原来有个娘娘庙，早就废弃了。现在重崖山的山顶上还有个泰山奶奶庙。"南白塔村村委会文书李伟说。

在南白塔人李绪杰（今在北京工作）于2014年发表的一篇博文中，有一张拍摄于冬天的阴阳泉照片。照片中，阴阳泉泉池中水位较低，降至二层平台之下。该文称阴阳泉为"殷阳泉""白鹤泉"，"殷阳泉"之名令人联想到村碑上所记载的"元朝末年，殷姓在白石塔建村"一事。今"阴阳泉"之名，与"殷阳泉"谐音，可能源自其谐音衍变。

与北白塔村的传说不同的是，在南白塔村的当地传说中，白石塔原来位于村南阴阳泉旁边，传说有九个仙女在此建塔时，被村里一位早起拾粪的老头惊动，仙女飘然而去，白石塔并未建成。塔址旁形成的村落因此得名"白塔村"，后来分化为南白塔村、中白塔村、北白塔村。

公泉·母泉

公泉和母泉均位于莱芜区苗山镇东张家庄村村西。这两眼山泉被当地人根据出水量赋予了"性别"，出水量小的叫"公泉"，出水量大的叫"母泉"。

公泉位于村西的河谷地带。这里北面有大山围护，中间的河谷两岸地势相对平坦，是连成片的庄稼地，主要种植的作物是地瓜和玉米。公泉就位于庄稼地中，远远就看到有一条溪流自北向南汩汩流淌。踩着田垄寻找源头，可见一条1米多宽、20多米长的石砌水渠，里面泉水澄澈。2020年8月济南泉水普查时，东张家庄村党支部书记张兆荣介绍说："这

母泉出水口　雍坚摄

公泉出水口　雍坚摄　　　　　　　　母泉出水口　董传龙摄

条水渠的南头，就是公泉的泉眼。公泉离村子只有 1 里来远，过去村民们吃水都是到这里来挑。1972 年，村里打了机井后，大家才不来挑水了，光用这个泉水来浇地。"经普查人员现场检测，公泉的 TDS（溶解性固体总量）值为 291 毫克 / 升，很适宜饮用。

　　沿着公泉水流的方向，大约 200 米外就是东张家庄村西的河道。此处有一座小桥，过河后大家沿着河道来水方向上行，明显感觉到水流有些湍急。在一个厂房的北墙外，来水又折向西。由于不便通行，大家不得不停下脚步。"这些水都是母泉流下来的，它与公泉交汇后向下排入博山的孝妇河。"张兆荣介绍说，"要看母泉的泉眼，得绕到厂房那边的山根下。"大家又折回头，乘车绕到母泉出水口。这里是玉珠台（山名）的西山脚，只见母泉之水从一个石洞中喷薄而出，哗哗作响，颇有气势。据八〇一水文地质工程地质大队专业人员估算，母泉的出水量应该在 200 立方米／小时。据在泉口洗衣服的村民说，母泉的水夏天出得猛，到了冬天一般就不出水了。

公泉、母泉之水，辗转汇入崮山河。崮山河发源于苗山镇王鲁山水库上游的高唐村，为南博山河之上源，南博山河又是淄河上源之一。东张家庄村位于苗山镇政府驻地东北 10 公里处，是一个只有 170 多口人的小山村。明末张姓迁此建村，以姓名村为"张家庄"。1982 年经莱芜县人民政府批准，改称"东张家庄"。

圣水泉

　　圣水泉位于莱芜区苗山镇南峪村东南望鲁山上的药王庙内。泉水出自崖洞中，通过石雕龙头排入洞前一个 20 多平方米的泉池，常有附近村民开着机动三轮车来此取水。

　　圣水泉的由来与药王庙息息相关。提起"药王"，人们一般会想到孙思邈、李时珍、扁鹊或者华佗，而南峪村药王庙中祭祀的却是一位当地的"药王"——李长庚。2020 年 8 月，南峪村党支部书记李世金介绍说，明朝时，李长庚本是南峪村的一个穷小子，靠给财主家打短工为生。有一年，李长庚得了一场重病。奄奄一息时，梦到一位白胡子老头给他送来一本医书，让他按书上的药方到望鲁山上去采草药，然后用山上的泉水煎药。醒来后，李长庚发现枕边果真放着一本医书，就按梦到的话去采药、煎药，服下药后，果然药到病除，康复如初。打那

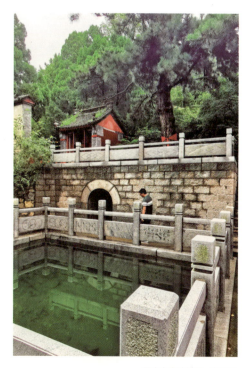

圣水泉泉池外景　雍坚摄

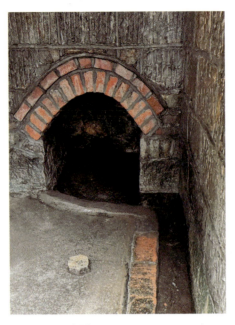

圣水泉出水口　雍坚摄

以后，李长庚就成了一位土郎中，按照医书给乡亲们治病。有一年，莱芜一带闹瘟疫，十里八乡病倒一片，死了很多人。李长庚就在望鲁山的泉水边支起一口大锅，用泉水熬草药分给乡亲们，且分文不收。说来也怪，凡是喝了李长庚草药的人，病很快就好了。可是，李长庚却因为过度操劳累死了。他死后被安葬在生前熬药取水的泉子旁。众人捐款给李长庚修了一座庙，以药王的规格来祭祀他，并把他熬药取水的山泉称为"圣水泉"。南峪村李文成的父亲就是被李长庚救好的。之前李文成曾到泰山许过愿，谁能治好父亲的病，必定加倍报答。没想到李长庚不久便累死了，李文成无以为报，就专程赶到泰山，挪了一棵松树种在药王庙旁边，让它世代荫庇着药王庙。

　　2020年8月济南泉水普查时，圣水泉泉池内泉水充盈而澄澈。在圣水泉上面的平台上，那株传说从泰山挪来的松树已经长成合抱粗的大树。

大松树旁边，是供奉李长庚的药王庙。庙旁立有清同治元年（1862）的"药王庙"碑和1935年的"重修药王庙圣水泉"碑。据碑刻记载，药王庙古称"甘露庙"，创设于明嘉靖十年（1531），距今已有近500年的历史。

据南峪村党支部书记李世金介绍，由于年久失修和土石塌方，药王庙一度破败不堪，圣水泉也湮没了数十年。2000年，"莱芜抗战五姐妹"中的李美秀、李美林、李美翠姊妹三人带头捐款重修药王庙，圣水泉才重见天日，泽被一方。

说起"莱芜抗战五姐妹"，又是一段感人至深的红色故事。抗战时期，莱东是泰山区抗日根据地的中心，地处莱东的南峪村是著名的红色堡垒村。1940年1月，山东纵队兵工一厂迁至南峪村。南峪村村民积极投身抗战，至新中国成立，先后有15人壮烈牺牲，在这里面，就有曾任南峪村自卫队团长的李元凯。李元凯牺牲后，他的五个女儿李美秀、李萍林、李美林、李美兰、李美翠相继投身革命，时称"莱芜抗战五姐妹"。四女儿李美兰1948年在牡丹江战役中牺牲，二女儿李萍林1976年病逝于青岛。2000年，大女儿李美秀、三女儿李美林、五女儿李美翠回乡寻根时，慷慨解囊，为南峪村铺路修桥，恢复名胜古迹，并捐资倡建莱东抗日战争纪念馆。目前，设于南峪村的莱东抗日战争纪念馆是莱芜境内由村级承办的第一个抗日战争题材的纪念馆，已纳入山东省红色教育基地管理。

北文字村三泉

　　杨家泉、郭家泉和老泉均位于莱芜区苗山镇北文字村的盘龙河沿线，是牟汶河支流盘龙河的上源泉水，统称"北文字村三泉"。（注：北文字村三泉未列入2021年《济南市新增305处名泉名录》）

　　去调查泉水之前，该村上报的泉只有一口长春井。2020年8月中旬，济南泉水普查时了解到，除了长春井，北文字村竟然有三眼涌量旺盛的山泉：杨家泉、郭家泉和老泉。

　　由流经北文字村的盘龙河北行约五六百米，就是位于河道中的杨家

杨家泉塘坝　雍坚摄

郭家泉泉口没在塘坝中　雍坚摄

泉。这里的河道被拦腰修筑了一道拦水坝，形成一个面积约 2000 平方米的塘坝，里面泉水清澈，积水较深，在周围树木杂草映衬下呈现深绿色，旁边的石碑上刻着"北文字村杨家泉塘坝"。"杨家泉的出水口就在这个拦河坝的两侧，各有两个泉眼，只有在水少的时候才能看出来。"北文字村党支部书记张根德介绍说。由于刚下过雨，泉水出流旺盛，塘坝上游的水通过泄水孔哗哗地排入杨家泉塘坝，而在塘坝的南侧，泉水也在哗哗地下泄。据了解，由于过去这里是杨姓村民的地，故泉子被称为"杨家泉"。

由杨家泉沿着河道上行大约 250 米，便是"郭家泉"。这里的水域也被拦成了一个小塘坝，面积相当于杨家泉的一半，塘坝东南角开有一个泄水口，汩汩清泉从这里涌出，往杨家泉塘坝流去。"这个地方的西面是郭家林子（墓地），因此叫郭家泉，东面以前是孙家林子。"张根德介绍说，郭家泉的泉眼在西北角那个小湾里，水深八九米，他小的时候，

2020年8月，北文字村老泉出涌　雍坚摄

夏天常来这里游泳。大家站在北面的高台上，比赛往下跳。郭家泉和杨家泉一样，都是冬天也出水的泉子。在泉水灌溉滋润下，周围田地里的庄稼长势旺盛。

由郭家泉往北上行约0.5公里，是1958年建成的小型水库——文字岭水库。沿着水库坝上的水泥路往西可到西峪，西峪溪水潺潺，草木葱茏。沿着来水方向往西峪上行约0.5公里，位于谷底的老泉就出现在了视野中。河谷中间卧着块大青石，在大青石与河谷南岸之间，有明显的水花涌动。

"每年只有下了大雨后，老泉才会出水。老泉出不出水，在我们村是下没下透雨的标志。每当下了雨，村里人的老人就会打听，西峪的老泉出水了吗？如果出了水，那肯定就意味着是风调雨顺的一年。"张根德说。

响湾泉

　　响湾泉位于莱芜区苗山镇响水湾村盘龙河右岸。泉源旺盛，常年出水。古为牟汶河主流的上游主泉源。2014 年版《莱芜市志》记载，响湾泉"常年涌水，最小涌水量 10 立方米 / 小时"。

　　由莱芜区、钢城区交界处的杨家横水库向北，沿盘龙河上溯 3 公里，即为响水湾村，盘龙河自北而南穿村而过。村内河岸宽阔，通过拦水坝截留，形成上下错落的清澈水塘，河水自水坝下流发出哗哗的水声，"响水湾村"即由此得名。大水塘北有跨河小桥一座，桥北侧西岸即是响湾泉。为维持水源洁净，泉池顶部被条石棚盖，仅留出三个矩形取水口。泉池距盘龙河河岸不足两米，泉池底部有暗渠与河道相通，清澈的泉水由此汇入盘龙河。河中有一道人工铺设的石梁，村民在此洗衣、洗菜，十分方便。

响水湾村因泉水而形成的阶梯水塘　左庆摄

响湾泉通向盘龙河的出水口　雍坚摄　　　　响湾泉泉口紧邻盘龙河　雍坚摄

今天的牟汶河支流盘龙河，即古人眼中的牟汶主流或北源。清康熙《新修莱芜县志》卷之二《封域志·山川》载："牟汶，牟即古牟城，在县东二十里。水发响水湾、朋山泉，合赵家泉，至盘龙庄古汶阳田西流，合浯汶西流。"关于响水湾，该书记载："在县东北五十里，两山夹平地，中一石可亩余，高数丈，甚平，顶上有三官庙、孟游亭、文昌阁、三教堂。四围皆峭壁，荆柏丛生。一水自北环流而南，由高崖下，潺湲之声，清泠如琴可听。"清代学者王昶在《〈齐风〉汶水考》中记载："牟汶有二：一自县东南寨子村海眼泉发源，一自县东南古牟城东响水湾发源。至盘龙庄，二水合流，西至泸马河，合于嬴汶。"

根据当代水文地理勘查，盘龙河上源并非起自响水湾。从响水湾村往上，盘龙河上源分东西两支。东支自北、南文字村而来，上游建有文字岭水库。西支则发源于北古德范村北面的栾家庄，当代在上游建有古德范水库。因西支较东支长，故被视为盘龙河干流。（注：响湾泉未列入2021年《济南市新增305处名泉名录》）

泉子崖泉

　　泉子崖泉位于莱芜区苗山镇蔡峪村西侧南围河右岸，濒临杨家横水库。原为自然出露之山泉，为储水方便和维持水源洁净，泉口处被砌为圆形泉池，顶部部分棚盖，留有矩形取水口。池内常年有水，泉水自池壁石缝涓涓流出，向南注入南围河，该河下游西与杨家横水库相连。

　　蔡峪村坐落于北岭前怀山坡上，北岭西侧的凤山南坡，原有一个自然村——下河铺村（20世纪60年代整体搬迁）。北岭与凤山之间的峪沟，当地人俗称"泉子崖"，泉子崖泉就位于此，旧时为泉西侧下河铺村的

泉子崖泉　左庆摄

主要饮用水源。当年下河铺村人选址于泉子崖西侧，应该就是相中了这处四季不竭的山泉。在下河铺搬迁 10 多年后，蔡峪村村民又陆续搬来落户于泉子崖东侧，此山泉又为蔡峪村村民就近用水提供了便利。当地村民介绍说："这眼山泉是从砂石山流出来的，水质可好了，一点水垢都没有。"

近年来，伴随着杨家横水库增容工程的实施，由杨家横水库而来的公路已经抬升到泉子崖山泉跟前，在路边停下车，沿着新铺的水泥路向北步行十来米就是泉子崖泉。在泉子崖前的公路边，并列建有三座小庙。两座小庙位于泉子崖峪沟东侧的蔡峪村西南角，分别是关帝庙和观音庙。另外一座小庙位于泉子崖峪沟西侧，名曰"真龙天子庙"。（注：泉子崖泉未列入 2021 年《济南市新增 305 处名泉名录》）

唐朝古井

唐朝古井位于莱芜区茶业口镇上法山村村南小河边。因传说此井始自唐代，故称之为"唐朝古井"。

2020年8月济南泉水普查时，可见唐朝古井的水面高于旁边的小河河面，井水有1米深，水面到井口只有0.74米，圆形井口由石头围砌，直径约0.5米。井口四周的石头表面各划有一道沟槽，防止污水流进井水里。在井口西侧，还有一个石头垒砌的方形水槽，供村民洗菜用。

住在唐朝古井边的吴光新老人天天到井中打水　雍坚摄

唐朝古井井口　雍坚摄

时年81岁的吴光新老人的家就在泉井北侧几米处,他于1959年入党,年轻时当过村里的共青团书记和生产队队长。吴光新说:"听我爷爷说,这个泉水井很早就有了,他们家祖上三代人都住在附近。以前井水很浅也很旺,长年不断,再干旱也不干涸。到冬天水位下去半米,雨水大的时候也溢不出来。"

在吴光新家房子外墙壁上,还有三块标识牌。最显眼的一块金底标识牌上写着"莱芜市'乡村记忆'古井水利设施文物保护点",其左侧为"唐朝古井"标识牌,上面介绍说,此井由唐朝时期姜姓居民所建,井水清凉甘洌,历经千年不绝。1999年村民淘井时,从井底挖出栗子木板。据史料记载,这是唐朝立井的风俗。因古代水桶全是木桶,井底铺上木板,防止井底石块磕坏水桶。又因栗子木在水中千年不腐,故用它铺在井底,足见这口泉水井年代之久远。吴老汉说,这口泉水井一般五年淘一次,井水抽干后半个小时泉水就能涌上来。他从小喝这口井的泉水长大,现在80多岁了,用个带杈的树枝当井绳,一弯腰就能把水桶提上来。

另外一个标识牌为"《泰山时报》编辑部旧址"。吴光新老人介绍说,

《泰山时报》创刊于 1939 年 10 月 10 日，1944 年 11 月停刊，是中共泰山地委的机关报。当年，《泰山时报》上法山编辑部旧址就设在吴光新家。编辑部当年用过的房子还在，当时之所以选择在他家办公，可能和他家在村子南头，比较隐蔽，离泉水井近，用水方便有关。

除唐朝古井外，上法山村还有四口古井，分散在不同角落。第二、第三口古井位于村内，距离唐井不远。第四口古井"藏"在李半仙故居的墙体内，盖房时故意将墙体凹进去一块，把古井留在了街边。"李半仙"是民国时期上法山村骨科大夫李奉章的外号，其故居的正房和东厢房都是二层石砌楼房，整个建筑端庄大气。上法山村的地理特色是有条小河在村内蜿蜒穿过，又折过头像臂弯般环抱着村子。第五处古井就位于距离小河不远处的半山坡上，因水质优良，常有淄博博山的游客开车来此取水。（注：这四口古井未列入 2021 年《济南市新增 305 处名泉名录》）

吴光新家曾是《泰山时报》编辑部　雍坚摄

卧云铺五泉

　　卧云铺五泉是位于莱芜区茶业口镇卧铺村的闫家泉、王家泉、张家泉、吴家泉和刘家泉的统称。该村原来有闫、王、张、吴、刘、李、苏七姓村民，每姓村民有一口泉井，其名称前被冠以姓氏。当代，李家泉（井）和苏家泉（井）湮没，尚存五泉依然为村民所使用，它们又被称为闫家井、王家井、张家井、吴家井和刘家井。

　　从山脚下拾级而上进入卧铺村，经过观音殿和闫家大院后，在路边首先看到的便是闫家泉。裸露在外的石筑井口呈半圆形，井口直径约 0.6 米，井水深约 2 米。2020 年，时年 88 岁的闫德成老人介绍说："闫家

闫家井　李震富隆摄

泉子是从大黑山渗下来的，地势最低，很旺，常年不干涸。有一年，8个月没有下一滴雨，大部分泉井都停水了，但闫家泉子依然有水。"沿着山路再继续攀登百十米，在路边一住户大门口旁边，刻有"王家井"的木牌映入眼帘。两块半圆形石头围成一个圆形井口，直径约0.5米。井内水位较高，用一根1米多长的带杈木棍吊着水桶就能提水上来。

张家泉位于村子中心偏东，外观也是圆口井，井口直径约0.5米，井水深0.9米。吴家泉在半山

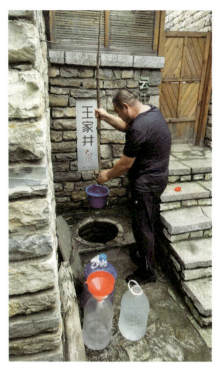

游客在王家井打水　雍坚摄

88岁的闫德成老人讲述张家井的来历　雍坚摄

093

腰上，所处位置最高。1967 年，闫德成任村支书时带领村民对它进行了掘挖和整修。吴家泉紧靠山崖，因上面已被棚盖成一个封闭的水池，故而看不清泉水出露口的形态。但坐在泉水池边，仍然能听见哗哗的流水声，说明这是一个不停出水的泉。从外面测量，这个泉水池长约 3.2 米，宽约 2.3 米，旁边留了一个出水口，长约 0.5 米，宽约 0.3 米，泉水深约 1.5米。在吴家泉旁边 10 米远，还有一个更大的水窖。这也是闫德成当年带领村民砌筑的，供村民储水用。刘家泉位于与闫家泉相对的山坡另一侧，边长 0.7 米，掀开井盖，里面泉水充盈，弯腰可掬。

"听老辈人讲，最初村民找泉子的时候，是在山峪里找苇子，哪里有长势旺盛的苇子，哪里就会有泉水。拔掉苇子，再往下挖，泉水就冒出来了。这一家一姓的泉水就是这么找出来的。"闫德成老人说。为了保持泉口卫生清洁，后来人们在泉子周围砌上石头，垒成井状或池子状。

闫德成老人坐在吴家井旁回忆往事　雍坚摄

泉水充盈的刘家井　雍坚摄

　　据了解，为了生活方便，卧铺村每个泉子旁还设有一盘石碾，构成"一姓一泉子一盘碾"的特殊组合。该村各姓氏间居民历来和睦相处，在实际生活中，泉、碾都是混用的，大家从未因吃水、用碾子之事而吵架拌嘴。

　　卧铺村古称"窝铺"。因村子地势高，常被云雾覆盖，整个村子就像卧在云中，因而又得名"卧云铺"。此村背倚摩云山、黑山和霹雳尖，山上有齐长城和烽火台遗存。该村民居依山而建，村内由石头垒砌的高低房屋和四周高山梯田的景致浑然一体，是济南地区不可多得的处于深山腹地的古村落，后被辟建为卧云铺文化旅游景区。2021 年，该景区被评为国家 AAA 级景区，成为济南乡村旅游的热门景点。

上龙子泉

上龙子泉位于莱芜区茶业口镇上龙子村山脚下，泉因村名。此泉原来是一处自然出流的山泉。1986年，在莱芜县东风村的帮助下，建成一处具有储水功能的大型密封水池。水池南侧临河，形成一堵4米来高的石墙。石墙中间镶嵌着"东风水池"石匾，从石匾往下，紧挨墙根的路面上有个方形井口，里面泉水叮咚，与泉源相通。

上龙子泉出水口及周边景观　雍坚摄

龙子村牛棚泉　雍坚摄

2020 年 8 月，济南泉水普查队在现场看到，方形井口上方可见六七根粗细不一的水管插入井中，时年 56 岁的上龙子村党支部书记王教来介绍说，水管都是附近村民为饮水所安。几年前村里通了自来水，多数村民现在已不再吃这个泉子的水。由于泉源旺盛，在东风水池东侧，一股哗哗作响的泉水溢流而出，顺地势而下，排入水池南侧河中，在河堤处形成一个小瀑布。小瀑布东侧，有一座名为"长寿桥"的老石拱桥横跨河面。此处桥面与河道落差很大，来自小河上游的山水穿桥而过，与小瀑布下泻的泉水在此交汇，景色宜人，蔚为可观。74 岁的上龙子村村民杨庆宝介绍说，这座桥有上百年的历史，近年为了出行方便，桥拓宽成原来的 1.5倍。扩建时，因村里的老人也义务出工修桥，这座桥修好后就命名为"长寿桥"。

上龙子村泉源丰富，村北的扬泉湾曾是最著名的泉源。"我小时候，这个扬泉湾的泉水最旺盛时能冒出 1 米高。我那时十来岁，夏天和小伙伴光着腚到这儿玩。趴在这个泉头上，一下子就能被泉水冲到一边去。"杨庆宝回忆说。据了解，因为扬泉湾泉眼旺，1966 ~ 1967 年，这里就挖了个大坑，改建为密封泉池，泉池长 4.8 米，宽 2.2 米，水深约 13 米，泉池顶部留有一个方形取水口。同期，在泉池旁边不到 10 米处又打了一口 20 多米深的深水井，本来是想弄个扬水站，把水扬到输水渠，一直输送到下龙子村（当时上龙子村与下龙子村为同一个大队，合称龙子村）。现在上龙子村的自来水，都是从扬泉湾泉池供过去的。"要是当年不改造扬泉湾就好了。那泉子多好看呀！"言语之中，杨庆宝流露出淡淡的惋惜之情。

由扬泉湾南侧的河道下行不远,河北岸还有一眼泉井。揭开白铁井盖，只见方形井口内泉水清澈，水面距地面只有 1 米多，经测量，井内泉水深达 13 米。据介绍，由于泉旁曾搭过一个牛棚，村里人管此泉叫"牛棚泉"。值得一提的是，普查队还发现，在与牛棚泉隔河相对的山崖下面，石缝里流出了两股清泉，如水帘般持续滴落下来。因为刚下过雨，这应该是一处呈滴流状的季节泉。有人开玩笑说应该将它命名为"龙须泉"，因为两股泉水滴流，很像龙须。王教来说，这样的小泉村里还有一处，在雨水特别大的时候才会出现，泉水流在下面的磨盘石上，像鬼推磨一样，村民管它叫"鬼泉"。（注：扬泉湾、牛棚泉、龙须泉、鬼泉未列入 2021 年《济南市新增 305 处名泉名录》）

西泉子

西泉子位于莱芜区茶业口镇刘白杨村村西，因所处方位而得名"西泉子"。泉池长 2 米，宽 1.5 米，水深 0.7 米。西泉子一年四季出水，泉水汇入旁边的冯家峪沟。

2020 年 8 月，时年 57 岁的村民刘汝方介绍说，刘白杨村原来只有村东边一股泉水，一二百年前，村西边人家盖房子时，挖出了这个西泉子。1975 年左右，为了保持泉水洁净，村民把泉池棚盖起来。"这个泉在当地非常有名，天再旱，泉水也没有变化。水质非常好，可以不用烧，直接喝。过去这个村里有六七百口人，一多半村民喝这个泉的水，打水常常得排长队。现在有了自来水，依然有老百姓到这里来打水喝。家里的自来水一般是用来洗菜、洗衣，搞卫生用。外地人也经常拿着水桶专门来打水。"

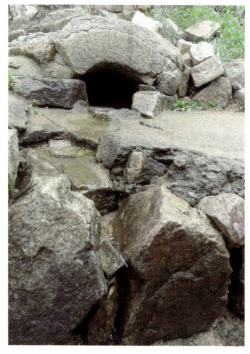

西泉子出水口　左庆摄

82 岁的秦立月老人自豪地展示他刚打来的西泉子泉水　左庆摄

时年 82 岁的秦立月从小就在泉边生活，退休前曾经是刘白杨小学的校长。他介绍说："这个泉水一年四季都很旺，从来没有干涸过。过去水量很小，经过几次挖掘改造，现在越来越大，水满了就往外溢。相传吃了这个泉的水，开胃，无论喝生水还是熟水都不伤胃。"

除了西泉子，刘白杨村村东还有一眼庙东泉，因泉边原来有白云寺而得名。为了安全起见，如今庙东泉已被棚盖起来，泉眼里面下有多个管子，直接通到村民家里。在庙东泉东北方向四五百米处，还有被篷布棚盖的年堂峪泉，泉池长 2 米，宽 1 米，深约 1 米。泉池下面埋有管子，可将泉水引入南面五六米远处的一个蓄水池，灌溉田地时可从蓄水池直接取水。（注：庙东泉和年堂峪泉未列入 2021 年《济南市新增 305 处名泉名录》）

　　据清康熙年间《刘氏谱》记载，元末解姓来此建村。明永乐二年（1404）刘姓迁此，人丁兴旺，因峪中多白杨树，冠以姓氏，故名刘白杨村。原村中"永言孝思"碑还记载，明朝秦姓由河北枣强县迁刘白杨村旁建村，称秦白杨村。今刘白杨村与秦白杨村共为一个行政村。当地传说，清朝政治家刘墉祖籍刘白杨村，刘家老坟地——峪井的荆棘不长倒钩，是因为刘墉回乡上坟，倒钩剐了他的官袍，被他一口"封杀"了。

清心泉

　　清心泉位于莱芜区茶业口镇北崮石村，因其位于村子正北1公里的大桥沟内，原名"大桥沟泉"。现在周边慕名来取水的村民越来越多，很多人觉得当地人好，泉也好，就给起了一个寓意吉祥的新名字——清心泉。

　　2020年8月，时年50岁的北崮石村党支部书记吴仁新介绍说，他曾带着水样到省里有关部门检测过，这处泉水的锶含量特别高。目前没

清心泉泉池一侧设置的自流水水管　左庆摄

清心泉之水通过泉池上的水管自流而出　左庆摄

有搞商业开发，就是供周边的村庄和过往市民免费饮用。这里的泉冬季不结冰，即使是旱季，也能供五六百人吃水。

除了清心泉，在北嵬石村东南 1 公里老虎洞山的半山腰，还有老虎洞沟泉。该泉位于杂草丛中，泉眼不大，但是出流量不小。为饮水方便，村民在泉口下面修建了一个蓄水池，从蓄水池里溢出来的泉水顺着河沟下泻。（注：老虎洞沟泉未列入 2021 年《济南市新增 305 处名泉名录》）

据北嵬石村《吴氏谱》记载，明永乐二年（1404），吴姓由河北枣强县迁此，村旁有山名"嵬石"，借以村名，因重名，又改称"北嵬石村"。现在，村中有吴、贺、陈、王、韩诸姓。

响泉

响泉位于莱芜区茶业口镇逯家岭村西黑峪中，因泉流哗哗作响而得名。

沿逯家岭村西一条山路下行100多米，进入林地相间的黑峪，然后朝着黑峪峪顶方向上行。还没走到泉口附近，就听到山峪里哗哗作响的泉水声。山峪里有一条废弃石砌排水渠，是当年为引泉水而修建的。后来泉水沿着山峪里的自然地势下泻，这条水渠就废弃了，但仍可以作为路标使用。继续步行五六分钟，可到达泉口附近。由于一堵矮石墙的阻

风景秀美的逯家岭周边山色　雍坚摄

响泉出水口　雍坚摄　　　　　　　　响泉之水下泻后一泉成河　雍坚摄

隔，泉口外形成一个 20 平方米左右的浅水塘。泉水由水塘一侧的豁口下泻，汇入黑峪沟，是黑峪沟 6 个塘坝和法山水库（小Ⅰ型水库）的主水源，堪称"一泉成河"。因所在山峪落差较大，泉水下泄过程中，水声响彻山谷。

2020 年 8 月，在逯家岭村村委会主任高瑞云的引领下，济南泉水普查工作队翻山越岭来到响泉泉口处，一个人工砌筑的水渠口出现在大家眼前，汩汩清泉从水渠口喷涌而出。据八〇一水文地质工程地质大队工程师徐聪聪估算，响泉涌量在 30 立方米 / 小时。

"一年四季，响泉都咕嘟咕嘟往外冒，从未干涸过。这个泉子原来的出水口在下面 50 米处，20 世纪 70 年代初，俺村的支部书记去大寨学习回来后，就带着群众沿泉水出流的路线清理山石。因为水源越高，建扬水站的扬程越远，更方便往外引水。"高瑞云介绍说，"当时从泉口开始修建了一条 10 多米长的水渠，然后把上面棚盖住，并在上面修建了机房和扬水站。那个扬水站建好后没起多大作用，后来机房坍塌了。响泉的水质很好，喝起来有点甜，用来烧水的话水垢很少。村里没打深机井供水之前，每逢干旱，村民都会到这里来取水。20 多年前，我也来这里挑过水。从家里到这里，来回得 5 里路。"

经济南市勘察测绘研究院测绘人员现场勘测，响泉出水口的海拔为568 米。海拔如此之高、出水量如此之大的山泉，在济南诸泉中十分罕见。当代济南七十二名泉中海拔最高的是斗母泉，泉口处海拔 548.7 米，与响泉相较，还低了近 20 米。

东圈泉

东圈泉位于莱芜区茶业口镇东圈村内的北沟小河中，由四个相邻的泉眼构成。2020 年，以村名命之为"东圈泉"。

在东圈村南侧，有一条沿着山根自东向西延伸的河道，村民称之为"上河"，是汇河（嬴汶河支流）的上源。上河又有一条三四米宽的南北向支流，将东圈村分为东、西两部分。这条支流，村民称之为"北沟小河"。东圈村的泉水就出露于北沟小河中。在一段10多米长的河道中，有四处泉眼密集出露。最南边的泉子从河道西侧的石洞中汩汩流出，注入北沟小河；再往北，第二个泉子从河道东侧的小泉池流出，河道底部是一种天然的赭黄石头；第三个泉子出水量比前两个泉子要小一些，从石缝中直接上涌；第四个泉子与第二个泉子状态相仿，也是从河道东侧的小泉池流出。

东圈泉全貌　雍坚摄

东圈泉出露口之一　雍坚摄

　　长清区灵岩寺中有个知名景观——"五步三泉"，说的是寺内山崖下的卓锡泉、双鹤泉和白鹤泉相隔甚近，呈"品"字状分布。无独有偶，东圈村密集出现的四个泉眼，堪称"十米四泉"，可与"五步三泉"相媲美。

　　2020年8月，东圈村村委会主任李文娟介绍说："虽然有人根据泉水口的形状叫它们其中两个为三角泉、圆口泉，但其实这四个泉子都没有大名。如果不是特别干旱，这四个泉的出水量是稳定的，就这么大。如果非常干旱或者附近有抽地下水的，出水量就会下降。往年很少干，就去年干过一次。以前村民来此取水，都是用舀子。"

　　"俺村这个水很甜，做饭特别香。周围博山、张店、章丘的游客，经常开车来村里取水。"62岁的村民王传孝自豪地说，"东圈是一个只有332人的小山村，目前约有一半村民住在村里。别看这个村人数不多，长寿老人却不少。目前，90岁以上的有7人，最高寿者96岁。"而另一位村民则透露说，当地人忌讳百岁，到了99岁就不往上加了。村里曾有老人过了8个99岁生日。

东圈泉出露口之二　雍坚摄

东圈泉出露口之三　雍坚摄

东圈泉出露口之四　雍坚摄

　　在东圈人眼里，东圈泉还具有神奇的药效。家里有了病人，取这个水直接喝，或者用来熬药，病人很快就会好起来。如果村民上坡干活时不小心把手弄伤了，也都是用泉水冲一冲，一般不发炎。说起这个话题，王传孝联想起一段红色记忆：由于东圈村地处莱芜与博山交界处的山区，极为封闭，抗战时期，廖容标领导的抗日武装曾在东圈村设立兵工厂（东圈村亓家胡同）和战时医院。听老人讲，最多的时候，村里有二三十个伤病员。当时缺医少药，战时医院就用东圈村的泉水来给伤员们清理创口。

东泉·中泉·西泉

　　东泉、中泉、西泉均位于莱芜区茶业口镇双山泉村吉山河沿线，村民按方位命名，称它们为"东泉""中泉"和"西泉"。

　　嬴汶河的支流吉山河自东向西从双山泉村南流过，双山泉村的东泉、中泉和西泉均是吉山河的上游泉源。涌量最大的东泉原位于村东北、吉山河北岸公路北侧，20世纪80年代修公路时，泉口被路面占压，但村里用铁管把泉水从公路下面引入吉山河。2020年8月济南泉水普查时看到，村民在吉山河边的东泉出水口处修建了一座农家乐，名为"龙泉山庄"。这里有三处东泉出水口，一处直接出露于地面，另外两处通过铁管汹涌而出，铁管下的水桶中放着啤酒，不用冰箱即可享用冰镇啤酒。部分泉水又被引流到农家乐的凉亭中，转一圈再排入吉山河。因为这个原因，凉亭中格外凉爽，如同装了空调一般。综合三处出水口的出水量，据八〇一水文地质工程地质大队水文地质专家估算，东泉的涌量约有20立方米／小时。

　　涌量居第二位的是西泉。它的泉口原来位于吉山河北岸的公路南侧，20世纪80年代修公路时也被占压。村里像对待东泉那样如法炮制，用铁管把泉水引流出来，通过两个出水口排入吉山河。西侧出水口就位于吉山河北坡，通过公路边的石砌台阶往下走几步就能看到。清澈的泉水从碗口粗的铁管中流出，取用水非常方便。旁边的水泥壁上刻有"二〇一八年修正月八日"等字。

双山泉村的西泉西出水口（左上）、中泉（左下）和东泉的两个出水口（右）　雍坚、李震富隆摄

东泉的另外一处出水口　雍坚摄

"我家就住在西泉正对面的马路边。这个泉的水质好，泡茶香，虽然村里现在通了自来水，但附近居民还是常来这里拎水喝。"村委会主任房宽标说，"周边的居民开车经过这里，常停车取水。"西泉的东出水口也是一个碗口粗的铁管，水量比西出水口略小。68岁村民房公龙的菜地就位于东出水口旁，引泉水浇菜地尤其方便，菜畦中的豆角、茄子长势旺盛。他回忆说："西泉原来的出水口是个1米见方的池子，天再旱，也有水，冬天还冒着热气。"

中泉位于吉山河的河道中间，是双山泉村三泉中唯一一眼泉口未变动的泉。如今泉口也进行了人工改造，泉水通过铁管出流，原地排入吉山河。对于中泉过去的形态，房宽标颇为怀念地说："过去这个泉子的水是往上涌的，水大的时候，就像济南的趵突泉一样，很好看！"

双山泉村原名崖下村，因重名，1982年经莱芜县人民政府批准，改称"双山泉村"。这个村子因地处南北两座大山之间，村域内泉水丰沛，故名。

石门子泉

　　石门子泉位于莱芜区茶业口镇上石城村南百余米处。从村南步行穿过一片菜地，顺着一条乡间小道就可走到泉边。泉眼上面用简易的塑料布遮挡着，以防灰尘飘入。打开遮布后，一汪清泉呈现在眼前。整个泉池1米见方、深约半米，泉水顺着泉池的边缘往外流，发出哗哗的声音。

　　"这个泉我小时候就有，一年四季长流水，冬天也不上冻，一直用到现在。原来没有自来水的时候，大家经常过来打水，维护得非常干

石门子泉　左庆摄

藏在杂草和灌木中的石门子泉　左庆摄

净。自从有了自来水，到这里打水的人就少了，泉池边也就没这么干净了。"2020年8月，时年54岁的上石城村村委会委员李龙红介绍说，"过去村里有5个泉子，供全村120户人吃水。现在有的泉子不冒水了，就被封住了。"

据上石城村《王氏谱》记载，明永乐二年（1404），王姓由河北省枣强县迁此建村，因周围群山壁立似城墙，曾名"石城"。后来下石城建村，为与之区别，改称"上石城"。

南河泉

南河泉位于莱芜区茶业口镇下王庄村村南约 0.5 公里处，因泉口位于嬴汶河北岸，所以被村民称为"南河泉"。2014 年《莱芜市志》记载此泉为"蔡家河泉"，涌水量高达 700 立方米 / 小时。

下王庄村村南的嬴汶河上有一座 1991 年村里集资修建的利民桥。利民桥东侧约 15 米处的嬴汶河的岸边低洼处，一股泉水从石缝中冒出，这里便是南河泉。由于水流不停地冲击，在泉水流出的地方自然形成了一个浅水坑。仔细观察，水坑下的细沙也在伴着泉流而缓缓涌动。

2020 年 8 月，据济南泉水普查队水文地质工程师现场勘测，附近区

南河泉泉口　李震富隆摄

南河泉周边　李震富隆摄

域的山石大都是青石和砂石，南河泉属于在断层地层形成的上升泉，水温大约14℃。"听村里上百岁的老人说，这个泉子从没有断流过，水流一直都很旺，雨季流量尤其大。"时年61岁的下王庄村党支部书记齐呈杰介绍说，南河泉其实是一个泉群，石缝中有许多泉眼。现在看到的泉眼，只是南河泉众多泉眼中的一个。这里现在是茶业口镇的一个水源地，众多泉眼都用水泥板和石头棚盖起来了，下面变成了专门蓄水的大泉池，为附近9个村子、大约5000人供水。

据了解，东侧泉池就在裸露的泉眼旁边，面积不算太大，棚盖起来的泉池上面覆盖了一层土，上面还种植了玉米。如果没人告知，谁也想不到玉米地下竟是盖住的泉水池。西侧泉池面积比较大，是一个大约长123米、宽4米的长方形泉池，池壁为石头垒砌，上面用水泥预制板棚盖，距离嬴汶河很近。

"1997年的时候，村里来过一只地质队，检测了南河泉的水质，说是达到了矿泉水的标准。从那年开始，我们全村都开始吃这个泉子的水。当时全村每户都出钱集资铺设管道，先把这个泉水引到旁边山顶上的蓄水池，再从蓄水池通过管道自流到村民家里。"齐呈杰说。

赵家沟泉

赵家沟泉位于莱芜区茶业口镇黑山头村的赵家沟山坡上，泉以沟名。

赵家沟泉从一个大岩石下的石缝里冒出，属于山体含水层自然下渗后形成的山泉。2020年8月，住在附近的韩纪善老人（时年77岁）介绍说："这个泉常年不断流，冬天也不上冻，很好喝。泉水流出来以后，顺着山坡直接流到下面的黑山头水库里。这个泉之所以叫赵家沟泉，是因为以前这个山沟属于村里姓赵的人家所有，现在村里已经没有赵姓人家了。"

在黑山头村村南还有一个苇子湾泉。当代被垒砌成一个长方形的泉

赵家沟泉　张善磊摄

井，井口长 1.26 米，宽 1.1 米，水深 0.7 米。泉水充盈，溢满了泉池。"这个泉子以前没有垒砌起来的时候，村民下地干活口渴了，趴下就可以直接喝，很方便！"常年住在山坡上看果树的韩大娘说，她常年吃这个泉水，烧水没有水垢，很好喝。

时年 56 岁的黑山头村村委会文书韩成禄介绍说，包括赵家沟泉、苇子湾泉在内，全村共有五六个泉子。其中，涝泉位于山上，位置比较高也比较远，夏天山上植被覆盖，不方便去看；庙子泉原来位于一座庙宇旁边，九成村民都吃那个泉子的水，现在该泉已经封死 10 多年了，无法看见其面貌了；八角地泉，在一次下大雨时被坍塌的山体覆盖住了，也无法看其真容；还有一个泉子，不是常年有泉水。

黑山头村还有一个小 II 型水库——黑山头水库，建于 1980 年，2009年进行过除险加固。黑山头水库里的水，就是由村中的各路泉水汇集而来，用以浇灌田地。（注：苇子湾泉、涝泉、庙子泉、八角泉等未列入 2021年《济南市新增 305 处名泉名录》）

西泉子

西泉子位于莱芜区茶业口镇榆林前村的村西路口旁，因方位得名"西泉子"。此泉泉口处被改建为井形，井口长1.2米，宽1.1米，井内水深约1.6米。西泉子常年不涸，水质甘甜，旧时是村民的主要饮用水源。在泉井旁边的高坡上，修有一座龙王庙，寄托着村民期望泉水永不干涸的心愿。

"村里刚通自来水不久，现在村民基本不吃这个西泉子的水了。"2020年8月，驻村第一书记秦程现介绍说，"抗日战争时期，榆林前村是附近村庄中唯一被日军侵占过的。因为交通闭塞，这里也曾是八路军的后方医院和兵工厂。伤员在村里住的时候，都是吃西泉水；医护人员为伤

清澈的西泉子 李震富隆摄

西泉子泉池及周边景况　李震富隆摄

员洗纱布，也是用西泉水。"根据记载和老同志回忆，1942年11月13日，正在泰山区检查工作的泽东青年干校副校长、省青委书记钟效培在榆林前村遭敌袭击，突围中身负重伤不幸牺牲。为纪念这位优秀青年干部，翌年5月，时任八路军山东纵队负责人的黎玉在《大众日报》上发表文章《悼念钟效培同志》。1987年，共青团山东省委和莱芜市在汪洋台南侧为钟效培建立了纪念碑。

据村碑记载，榆林前村于明朝末年由孙姓建村。因地处东榆林、中榆林、西榆林三村之阳，故名"榆林前"。榆林前原名"榆林泉"，因为村里泉水多，在村中的任何一处都能挖出泉水来。就是现在，村民为了储藏生姜打姜井，在高处的山地也能打出水来。随着时间的推移，"榆林泉"慢慢演化成为"榆林前"。

矿洞泉

矿洞泉位于莱芜区茶业口镇下法山村。泉水自下法山村西南部山崖下的一个洞穴流出，传说洞内有金矿，故称之为"矿洞泉"。

矿洞泉所在的洞穴空间长 2.2 米，宽 1.46 米，洞内水深约 0.25 米，洞穴口有部分封堵。泉水通过水管往外流淌，直接流到山崖下的嬴汶河支流——法山河中。

"矿洞泉的水很甜，很好喝，再旱也有水，流量一年四季大小不一。"2020 年 8 月，时年 80 岁的村民王福兴老人介绍说，"洞穴上面

矿洞泉　张善磊摄

矿洞泉所在的山洞　张善磊摄

植被茂盛，洞穴下面法山河绕村而过。之所以叫矿洞泉，源于一个传说。相传很久以前，有人曾在这儿挖出一块特别珍贵的金矿石，石头坑里立刻冒出泉水来。以前村民都来这儿打水吃，后来村里有了自来水，来打水的人就少了。有一段时间，这个泉子被个别村民封堵了洞口，引出泉水供自己用。后来村里打开了封堵墙，大家又都能来这里取水吃了。"

　　下法山村由王姓始祖在明嘉靖年间建村。至今，村中和村西各有一口泉水旺盛的古井。村西的古井为王姓先民建村初期集资所打的公用井，原名"王家井"。该井为方形井口，水面到井口 1.8 米，水深 4 米左右。据介绍，天气再旱，井中的泉水都很旺盛。（注：上述两口古井未列入 2021 年《济南市新增 305 处名泉名录》）

长寿泉

长寿泉位于莱芜区茶业口镇中茶业村。该村长寿老人特别多，村民认为这与大家共饮的泉水息息相关，因此将泉称之为"长寿泉"。

嬴汶河支流——茶业河自西北向东南流经中茶业村，当地于1979年修建了一座横跨茶业河的盛泉桥。盛泉桥下游约200米的河湾处，即是长寿泉所在地。长寿泉水原来由河岸边的山石缝里渗冒而出，现在被一层石板棚盖住，只露出一根出水的铁管口。从管口流出来的泉水，直接流进一个石头砌成的长方形水槽里，然后慢慢流进旁边的茶业河。在长寿泉不远

长寿泉泉池及周边景况 张善磊摄

123

长寿泉　董传龙摄

长寿泉出水口　董传龙摄

处的河岸地带，还有一处从石缝往外冒水的小泉眼。这个小泉眼虽然流量不大，但基本不断流，只是在大旱时，水流细一些。"以前村里的村民，不管老少，夏天都不烧水，直接到这儿接泉水喝。可能是喝泉水的缘故吧，村里长寿老人特别多。现在全村980多人，90岁以上的老人有6位，年纪最长的97岁。1989年，村里在泉水旁边立了一块石碑专门加以说明。"2020年8月，时年63岁的中茶业村党支部书记李壮德介绍说。

在长寿泉旁边的河岸上，有一户人家，别致的门楼彰显出当年的气派。两个相邻的院子，大门内各有一个"福"字影壁，一个是平面的，一个是浅浮雕立体的，非常精美。

据中茶业村《李氏谱》记载，明朝永乐年间，李姓由章丘县迁此建村，因村北有嶂峪山，冠以姓氏曾名"李嶂峪村"。后嶂峪山被衍称为"茶业山"，李嶂峪村遂改称"中茶业村"。

老井泉

老井泉位于莱芜区茶业口镇曼里村村内古槐旁拱洞中。相传在建村之初就已经有此泉井，当地人俗称之"老井""古井"。

曼里村村内道路的下面有一个拱形的门洞，顺着旁边的小道下来，可见拱洞内是一间屋大小的空间，长 4 米，宽 3 米，中间是一个边长半米的方形井口，下为圆形石砌井筒，这里便是老井泉。经测量，从水面到井底有 6.8 米深，水温 15.2℃。泉水清澈甘甜，从旁边的石壁渗出来好几股，顺地势排入井旁的沟谷中。

2020 年 8 月，曼里村"两委"委员刘方如介绍说，这个泉井位于村子的中心位置，至少有二三百年历史了。记忆中，只有 20 世纪 60 年代大旱的时候水比较小，但从来没有见过井底，每天都能从井里打上水来。后来村里的水不够吃了，就打了一口 24 米深的井。到了 20 世纪 80 年代，曼里村又打了一口深水井，老井就用

老井泉井口 左庆摄

老井泉位于路下拱洞中　左庆摄

得少了。时年65岁的村民刘汉军过去曾经下井清过淤。他介绍说："井壁上有台阶，用手扒着旁边的井壁就可以轻松下到井底，下面很大，直径有1.2米，井底有两块大石头，水就是从石缝中涌出来的。这个古井原来没有名，大家都称它"古井"或者"老井"。过去村民祖祖辈辈都吃这井的水，现在喝上自来水的，也依然愿意来这里挑水喝。"

据刘方如介绍，清康熙末年，刘姓由刘白杨迁此建村，因址在鸣冠寨的漫山腰，曾名"漫里"，后演变成"曼里"。曼里村全村村民都姓刘，目前正在修家谱。村内刘姓与清代政治家刘墉是同族。

埠口村三泉

莱芜区茶业口镇埠口村位于嬴汶河东岸，水源丰富，村周围山坡上，至今保存着三眼泉，分别是西坡泉、铜山子泉和豹峪泉，统称"埠口村三泉"。

西坡泉位于埠口村西面山坡，这里山势相对平缓，山坡上树木、庄稼长势旺盛，呈自然状态流淌不息的西坡泉就出露于此。在它的出水口外，借着泉水冲出的不规则小坑，人工稍一下挖，在它四周围上一圈石头，就形成一个浅浅的迷你小泉池，取用泉水的时候，需要用马勺舀水，再

2020 年 8 月，傅洪秀老人在西坡泉取水　雍坚摄

127

倒入水桶或脸盆里。村委会主任李海明介绍说，别看这个泉子流量不大，但常年不断流，只是干旱时流量小点。原来上坡干活的人，渴了都是直接趴在这里喝水。

2020年济南泉水普查时了解到，82岁的老党员傅洪秀和丈夫高贵珠在此承包了20多亩山地，并在泉池旁边10米处盖起两间小房子，已经住了30多年，老两口平时喝的水就是西坡泉的水。傅洪秀说，这个泉水烧开后，从来没有水垢。山东省地矿局地质工程师现场对西坡泉的检测显示，其TDS（溶解性固体总量）值为93毫克/升，而一般山泉的TDS（溶解性固体总量）值为300毫克/升。

铜山子泉位于埠口村北面山坡，过去泉水是顺着山坡直接流入赢汶河。因为旁边山上原来有铜矿，故将此泉称为"铜山子泉"。20世纪80年代，村里将铜山子泉的泉口处建为封闭泉池，作为村里部分村民的饮用水源。泉池长3.63米，宽3.18米，水深1.5米。

豹峪泉位于埠口村东山坡上，泉口处下挖修建了一个密封泉池，在泉池盖板的缝隙中，仍有涓涓细流溢出。据介绍，此泉之水通过管子引下山，供村民使用。与西坡泉一样，豹峪泉水质甘甜，烧开后没有水垢。（注：埠口村三泉未列入2021年《济南市新增305处名泉名录》）

鹰嘴崖后泉

鹰嘴崖后泉位于莱芜区茶业口镇潘家崖村的鹰嘴崖后坡山峪中。泉水四季出流，旧时为潘家崖村的补充水源。

潘家崖村是一座海拔600多米的山村。由潘家崖村沿着长寿岭东行，翻过山梁，转到鹰嘴崖后坡，沿坡度陡峭的山路蜿蜒下行300多米，在山峪可见一座石头泵房，拨开房子东侧的杂草，一段40多厘米宽的石砌水渠显露出来，里面注满冰凉的泉水，伸手可掬。2020年8月，潘家崖村党支部书记崔爱民介绍说，这段水渠连通着泵房和封顶的泉池，是1996年前后修建的，泉池面积大约50平方米，水深2.5米。

在泉池南侧的山根杂草处，有涓涓细流从山坡

2020年，鹰嘴崖后泉汇流后的泉水水渠　雍坚摄

129

流下来，溯流而上，在一面陡峭山崖前，可见清澈的泉水从石缝中流出，在碎石、枯枝和杂草中时隐时现地向下奔流，这正是鹰嘴崖后泉的出水点。

崔爱民说，鹰嘴崖后泉是很久以前村里人在山坡种地时发现的。潘家崖村民过去吃水都到村西古井去挑，遇到干旱井干时，就到鹰嘴崖后泉这里来取水。他自十四五岁起，就到这里来挑过水，来回得走二里多路，一个小时才能挑一担水回家。因为山路陡峭，本来满满的两筲水，到家时往往会洒很多。2013 年，村东打了深井后，才结束了全村人手提肩挑到后山来取水的历史。（注：鹰嘴崖后泉未列入 2021 年《济南市新增 305 处名泉名录》）

万家泉

  万家泉位于莱芜区和庄镇东车辐村村南月牙山下，该村原名"万家村"，因万家泉而得名。

  月牙山自清嘉庆十七年（1812）封山至今，从无人伐树当柴，山上古松、檀榆丛立，山脚处有一泉出露，即万家泉。今万家泉泉池被石头棚盖，只露出一个取水用的方形井口。经测量，井口长 0.94 米，宽 0.76 米，水深约 6 米，水面距离井口 1 米多。在泉井下面的崖壁上，还有一个出水口，溢出的泉水从石缝流出，一直流到山下的和庄河（淄河上源之一），

万家泉题记 张善磊摄

沿途水沟内有村民在洗菜、洗衣。不同于一般古泉井的是，万家泉旁边的月牙山石壁上还有两处嘉庆年间题写的摩崖题记。一则石刻，是嘉庆十五年（1810）重修万家泉的记录。另一则是《栽树碑记》，记述的是嘉庆十七年（1812）村里在月牙山栽树育林的故事。

"万家泉的泉水很好，发甜，烧开没有水锈，是村里的重要水源。"2020年8月，68岁的村民焦玉春老汉介绍说。东车辐村建于明初，明朝中期居住在村东胡家峪的胡家曾整修此泉。到了嘉庆十五年，村民又重修此泉，凿成深约10米的水井，但此井天旱时干涸。每到这时，村民就要到2公里外的和庄挑水吃。为解决水荒，清光绪二十四年（1898），村民历尽艰辛（当时曾有"一斗石一斗米"之说），硬是打出了一口深约50米的水井。

"这个泉井我下去过，里面的泉口有一人高，呼呼地直冒泉水，可壮观啦！"焦玉春说，"万家泉是个季节性泉，一年有三个季度有水，

万家泉清澈可鉴　张善磊摄

万家泉周边　张善磊摄

流淌到年底。现在的石头井口四周，都是提水的井绳磨出的沟痕。没有自来水的时候，附近三个村的村民都吃这个泉水。有了自来水后，仍有村民来提水。这水确实好喝！另外，在万家泉旁边，原来有一座关帝庙，每逢农历二月十五月牙山庙会，众多善男信女到庙中烧香祈福，人来人往，很是热闹。只可惜，关帝庙在'文化大革命'的时候被推倒了。"

　　另据东车辐村党支部书记焦玉峰介绍，在月牙山东侧，还有一处东泉，这个泉只在雨水丰沛时才冒涌，间歇时间很长。和东泉相邻处还有一个深潭，名叫"黑崖湾"，最深处有7米多。（注：东泉未列入2021年《济南市新增305处名泉名录》）

马杓湾

马杓湾位于莱芜区和庄镇马杓湾村，因泉池形似马杓而得名。如今的马杓湾外观是一个长 15 米、宽 10 米的石砌大泉池，大泉池分内外两池。状如马杓的内泉池位于大泉池一角，里面泉水清澈幽绿，深达 10 米。内泉池为马杓湾的泉水源出之处，泉水通过弧形石堰的缺口溢入外泉池。

马杓湾村旁边有西封山和南封山两座山。西封山上有一个天坑，天坑里的水是周围的山水汇聚而成，再经过山石层层渗漏，最后从马杓湾冒出。马杓湾的泉水流淌下去，成为淄河上源之一。

"村子因泉而兴。泉水夏天凉，冬天不上冻，常年不干涸，天气再

马杓湾全景　雍坚摄

马杓湾泉的内泉池　雍坚摄

旱也有水。以前这里是村里唯一的水源，村民们吃水、灌溉都用此水。1993 年，村里通了自来水，村民才不再来这里挑水了。"2020 年 8 月，时年 61 岁的马杓湾村党支部书记仲维青介绍说，"从前遇到大旱，别村的村民没水吃就来我们村，有的用担子挑水，有的用驴来驮水。我们村的村民都是半夜才出来打水，就是为了让别村的人先取水。1943 年，天大旱，附近村子的井水都抽干了，13 个村子的村民都到马杓湾来取水吃。1985 年大旱，泉水变浅，才发现泉眼深处西南方向有溶洞。"

据 2003 年《十卷书·村庄》一书记载，1923 年间遇百年大旱，周围十几个村庄的村民都到此取水，水位严重下降后显露出底部状况。湾口至 6 米深处，有直径 1.5 米的井口，井壁皆用上等木料交叠而成，再下至 5 米，有一石板台。站在石板台上看向西南方向，有一洞口，据说与西山顶的文口崖相通。文口崖是天然洞窟，洞内怪石嶙峋，寒气逼人，深不可测。

　　马杓湾村三面环山，沿着山沟的道路进村，可见两侧依山势而建的古石屋院落错落有致，别致古朴。一棵老柏树，已经有 100 多年的树龄。在树边石墙上有一个石洞，洞内有一块大大的"桃"字摩崖石刻。

　　马杓湾村现存一处清代袁家大院，已经被列入济南市优秀历史建筑。马杓湾旁的三官庙，为明代中期修建，院内有七通庙碑保存良好。2018 年，马杓湾村入选第五批中国传统村落名录。2020 年，被国家林业和草原局公布为第二批全国森林乡村。

老泉·薛家井

　　老泉和薛家井位于莱芜区和庄镇张家台村，是张家台村民的世代饮用水源。其中，老泉为自然出露之泉。旧时，泉水注入嵩泉河（石马河支流），为淄河上源之一。薛家井初为薛姓先民人工开凿之泉，后迷失。清中晚期，经全村几代人勠力穿凿，终成出水旺盛之泉井。

　　源自和庄镇草庙头的嵩墙河自西向东从张家台村北穿过，河上建有一座老泉桥，老泉泉口便位于桥旁的泵房中。泉水经水泵抽取后，输往

老泉　孙若曦摄

航拍老泉　孙若曦摄

居民家中。泵房一角留有一个出水口，多余的泉水流出后汇入屋旁的一个水泥泉池中。泉池长5.3米，宽3.8米，水深3.1米。

薛家井位于张家台村北约0.5公里处。掀开厚厚的植物，在一片绿植之下，可以看到铁箅子盖着的井口。井口呈圆形，直径0.9米，水面距离井口仅尺许，而水深却有几十米。2020年8月，58岁的村委会委员郭金海介绍说，自他记事以来，这个井从未干涸，天气再旱也有水。他自己曾下去淘井，井呈锥形，井底有10米宽，越往上越窄。薛家井的井口由石头砌成，井口一周有一道道深深的沟槽，都是当年打水的井绳长期磨出的勒痕。据记载，井口换过3次，现在井口石上共有55道沟槽，记录着当年村民取水的艰辛。

"当年打这个井可费劲了。淘挖出来一桶砂石，要付出一桶铜钱的成本。"郭金海说，张家台村自古缺水，每逢大旱之年，村人就要踏着凹凸不平的青石板路，翻越文字岭到十里外的响水湾去挑水。清道光、咸丰年间，村民在此深凿40多米后，终于获得了旺盛的泉源。

薛家井井口外　张善磊摄

薛家井周边景况　张善磊摄

在薛家井旁边，立着一块清咸丰八年（1859）的"穿凿薛家井"碑。碑文记载着一段艰辛曲折地寻泉穿井的故事。张家台"村北有泉，旧名薛家井"，为一劳永逸解决全村人吃水问题，村民郭印、郭化亭、张朴、张秀等人多次带头捐款，倡议集资穿井。历经几代人五次倡议，大家勠力同心，终于成功，并在井旁建庙以报神庥。捐助过程中，张家台村多位善人慷慨解囊，"甚至囊已倾、箧已倒，而质田曲衣者亦有之"。附近啬泉庄、南峪庄、北峪庄村民也都捐款资助了薛家井穿凿之事。

张家台村原名"南台"，明初张姓迁此前已有人居住。张姓人丁兴旺，清初遂改称"张家台村"。此村是清顺治进士张道一（张四教）的故乡，张道一官至陕西西路兵备道，其早年的书房——大榆山房在张家台村尚存遗址。距大榆山房遗址百余米处，村旁山涧上架有一座单拱石桥——大兴桥，旁有明万历三十四年（1606）建桥碑刻一通。张道一曾写诗赞之："大兴桥，万丈高，铜帮铁底担山桥。"据了解，张家台村中现有九姓，以张、王二姓居多。薛姓已无，只留下了古老的薛家井。

老泉水·神泉

老泉水、神泉位于莱芜区和庄镇下佛羊村。老泉水是下佛羊村建村伊始就有的泉源，故名。神泉出流于村东北的午子峪，因泉源旺盛，若有神助而得名。二泉均是方下河（牟汶河支流）的上游泉源。

老泉水明澈如镜　李震富隆摄

神泉出露口之一　张善磊摄

神泉出露口之二　张善磊摄

　　老泉水位于下佛羊村东，本是天然出露之泉。1966年在泉口处打出一口200多米深的泉井，又在井外挖了一个长36.16米、宽21.53米的大泉池，池内水深18米。为安全起见，泉池周围靠近田地的地方围上了铁丝网。2020年8月，时年65岁的下佛羊村党支部书记房公军介绍说："这个泉子从不干涸。大旱的时候，别的村井里都没水了，老泉井也不干，他们都来我们村取水。当时建这个大泉池，可是个人力大工程！"经八〇一水文地质工程地质大队专业人员现场测量，老泉水的水温是15.6℃。

　　位于午子峪山坡的神泉共有三个出露点，号称"一泉三眼"。处于高处的泉眼出涌旺盛，泉水从石隙中涌出后顺势下泻，哗哗的水流声响彻山谷，一直流到山下的方下河。在这个泉眼旁边有一座近年来复建的龙王庙。位于低处的两个泉眼，相距不过几米远，其中有一个泉眼又往下打成了自流井，泉水不停地往外喷涌，井口里安装了塑料管，以方便引泉水下山。另外一个泉眼也长年有水，只是水流相比而言没有那么湍急。据八〇一水文地质工程地质大队专业人员测量显示，子午峪神泉的TDS（溶解性固体总量）值为370毫克/升，水温14.6℃，水质优良。房公军介绍说，午子峪神泉四季长流，以前村民都吃这个泉水。自从村里有了自来水，村民只在大旱时才来这里取水。

　　神泉下面的山脚下，有村里近年来集资修建的文昌阁、财神庙等建筑，让这里变成了一处旅游风景区。午子峪内风景优美，每年农历三月初三有庙会，热闹非凡。

　　今下佛羊村与上佛羊村、东佛羊村三村原来统称"佛羊村"，建村于明末。因村东北有山状如佛，山多石，状如羊，由此得名"佛羊"。

槲树岭泉

槲树岭泉位于莱芜区和庄镇下崔村槲树岭下峪沟中，因泉水出露地而得名。下崔村内有大小两条河蜿蜒流过，将村子分为三个自然村落，分别是大庄、河西和北河崖，其中以大庄居住人口最多。在大庄西北方向有一沟，槲树岭泉就在此峪沟内。

槲树岭泉为水泥砌筑的长方形泉池，泉池长1.4米，宽1.1米，水深0.76米。泉水自池内石隙中溢出，四季不竭。泉池被罩于一砖砌拱券形洞中，洞上面建有一座小巧的龙王庙。2020年8月，下崔村村委会妇女主任岳

槲树岭泉泉口外观　李震富隆摄

榭树岭泉上面盖有一座小巧的龙王庙　李震富隆摄

晴晴介绍说，这个小龙王庙是当代新建的。泉子旁边原有一座榭树岭庙，传说是泰山奶奶的行宫之一，后来拆除了。以前，每年四月初八庙会这天，附近村里的善男信女都来这里祭拜，游人如织。之所以叫榭树岭庙，是因为附近山岭曾种植了一片榭树林（现已无存）。在距离龙王庙不远处的山坡上，还有一片新建的庙宇，有玉皇殿、泰山元君殿等。因榭树岭泉清醇甘冽，现在仍有村民从这里取水饮用。

据下崔村《孙氏谱》记载，该村由上崔家庄的崔姓人家分迁至此建村，因邻近上崔家庄，故名"下崔家庄"，当代简化为"下崔庄"。

老泉·北峪泉

　　老泉、北峪泉位于莱芜区和庄镇峨峪村。位于村东峨峪河边的老泉在建村之初就有，所以称之为"老泉"，当地村民也根据地理位置称之为"东泉子"。北峪泉则因位于北峪中而得名。

　　老泉自峨峪河的石砌堤岸下流出，泉水直接排入峨峪河。2020年8月济南泉水普查时，老泉出涌旺盛，泉水温度13.4℃。时年83岁的峨峪村村民闫翠兰介绍说，这里的水一年四季往外冒，冬暖夏凉，从来不干。据了解，老泉原来位于峨峪河旁，村民可以自由打水，后来由于道路加高，

老泉泉口　邹浩摄

老泉的泉口位于河道石堤下方　左庆摄

老泉原来的管子断在了里面，现在泉水只能从河堤下面的石缝中外涌。

　　从老泉顺着峨峪河往东北方向步行500米左右，来到平顶山前，峨峪村的北峪泉就位于山脚下的北峪。旺盛的泉水从一块巨山石的底部涌出，像趵突泉的一股水，目测能高出水平面10多厘米。由于泉眼出水旺盛，距离很远就能听见哗哗声。据八〇一水文地质工程地质大队专家估算，当时北峪泉的出水量有40立方米 / 小时左右，在莱芜山泉中属涌量比较大的。据了解，北峪泉属于季节性泉，喷涌时间约为半年，一般从每年的6月到12月。济南泉水普查队去现场探察时正值8月，是北峪泉出水量最大的时候。炎炎夏日，大家捧起一口泉水喝下去，备感清凉。

　　除了老泉和北峪泉，峨峪村还有一处季节性泉——北店泉，此泉遇旱便干涸。据了解，北店泉过去就在村内路面上，常年流淌，给周边村民的出行带来诸多不便，不仅把路面冲坏，还往旁边的房屋里渗水。后

北峪泉出水口　左庆摄

来村子道路改造，村干部就在北店泉泉口处垒了一个1米见方的泉池，还专门给泉池加了个盖儿。（注：北店泉未列入2021年《济南市新增305处名泉名录》）

据峨峪村《崔氏家谱》记载，明朝天启年间，焦姓由河北枣强县迁此建村。因周围群山巍峨，故名"峨峪"。另据村中关帝庙碑文记载："邑县东北去城七十里，庄名恶峪。"村中风俗淳朴，物美泉清，遂将"恶峪"改写成"峨峪"。

井泉

　　井泉位于莱芜区和庄镇老姑峪村东南约 0.5 公里处。泉水自道路下方一个人工修葺的泉洞中喷薄而出，水声轰轰隆隆。

　　2020 年 8 月济南泉水普查时，据八〇一水文地质工程地质大队专家估算，井泉出水量应该超过了 100 立方米 / 小时。"过去的古井是在杂草丛生的山坡野地中，是季节性泉水。每年到雨季的时候都会往外喷涌，最高的时候能涌出半米多高；赶上旱季的时候流量就很小，甚至断流。虽然不往外流了，但是由于井深七八米，井底依然有水。这泉水清凉甘甜，可以随时饮用。"时年 44 岁的老姑峪村村委会主任王庆海介绍说，"2018年底维修道路的时候，泉水从道路底下流了出来，村里借此对老井进行

井泉出水口　左庆摄

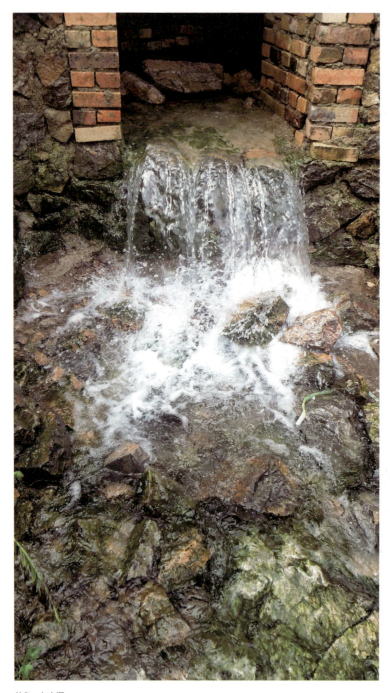

井泉　左庆摄

井泉整修时的照片　王庆海提供

了维修，然后又往下淘了七八米，深挖了一下，并将泉口周围用石头砌筑起来，才成为现在这个样子。"

在井泉下方，是20世纪五六十年代修建的大蓄水池，当地人称为"大湾"，长40米，宽20米，深五六米。由于年久失修，目前已经不能蓄水。"过去井泉出水最旺的时候，40多分钟就能把这个大湾灌满。"王庆海说，"老姑峪村过去就井泉这一个饮用水源，虽然现在它是季节性出水，但古时候这个泉应该是常年有水的，要不然村里这么多人如何生存？"

老姑峪村北有一座五神堂，建于清康熙二十六年（1687），1931年重修。旧时每年二月初二，全村民众会去庙内祭祀五神，祈盼五谷丰登。在村西山腰中，还有一座建于清代初年的地母庙。

据村内《老姑峪村正名表记》记载，明嘉靖三年（1524），朱姓迁此建村，因村东南有一眼出水旺盛的泉井，初名"井泉村"，后改称"老姑峪"。原因是，井泉村中一女子的兄长、嫂子早逝，为抚养两个侄子长大并考取功名，她终身未嫁。此事受到四里八乡的称颂，就在村内建老姑庙加以供奉，并因此改了村名。

北井泉

北井泉位于莱芜区和庄镇左家峪村的龙王庙门口，此泉位于村庄的北部，因方位而得名"北井泉"。

龙王庙的门口右侧有一个直径0.8米的井盖，打开井盖，只见泉水距离井口仅有1米多，俯下身子就可以打上清澈甘冽的泉水，这里便是北井泉。过去井泉水一直涌到路面上，老百姓出行很不方便。为了防止井水溢到路面上，经过整修以后，龙王庙门口的地面已经被硬化成水泥路面。在井口处，埋了管道，将泉水引向下游。2020年8月，左家峪村党支部书记左俊介绍说，这口井是20世纪30年代打的。当年打这口井

北井泉和北侧的关帝庙 雍坚摄

的时候，是村中老人看中了这块地，虽然打下去后被一块巨石挡住了，但大家没放弃，打到20多米深的时候，一股清泉涌了上来。过去的老井下面是圆的，井口是方的，下大上小，上面的直径有1米多，井深20多米。左家峪村旧时缺水，自从有了这口井，村民再也不用到村子外面去取水了。"现在村民家里虽然装了自来水，但很多人还是到这里

村民在北井泉打水　左庆摄

打水喝，家里的自来水主要是用来洗衣、拖地的。"

　　左家峪原名"兴隆庄"，明朝中期，左姓从蒙阴县迁此建村，因村庄坐落在山峪之中，三面环山，故以姓氏和环境为名，改称"左家峪村"。左家峪现存的文物古迹众多。村内仅古庙就有观音阁、关帝庙、龙王庙、山神庙等。其中，村南的观音阁有360多年的历史，被列为市级重点文物保护单位。龙王庙约有300年的历史，现在看到的主体建筑是损坏以后重新修葺的，黑瓦红柱，外观古朴。此外，左家峪乾山三连洞的会仙楼也得以修复，成为一处小有名气的景观。

南泉子

　　南泉子位于莱芜区和庄镇车南峪村东南方三四百米处，当地人因其方位而称之为"南泉子"。此泉原为自然出露，2005年，泉口处修成一个长方形泉池，长1.8米，宽1米，深2米，池内清澈见底，不时有串串水泡从池底冒出。村里专门在泉池下面埋了管道，将泉水引到村里，既方便饮用，也方便浇地。

　　2020年8月，济南泉水普查队在车南峪村停下车后，循着哗哗作响的水声，步行10分钟即来到位于田间的一间泵房前，泵房边的南泉子便跃入大家眼帘。因天气湿热难耐，大家拿出毛巾扔到泉池中浸泡，很快

南泉子　左庆摄

车南峪村南泉子　左庆摄

毛巾就被激涌而出的泉水送到了出水口。用凉毛巾擦一把脸，那叫一个痛快！经现场检测，南泉子水温为 13.3℃。

"今年的泉水还不算大，往年水流大时，泉水冒得比这还高。"时年 62 岁的车南峪村党支部委员孙兆武说，"据老人讲，这个村有 300 多年的历史，没有这个村的时候，这里肯定就有泉了。过去村里的人常年喝这个水，现在有的时候停水，老百姓还来这里打水。"据了解，南泉子并不是常年都有水，只是季节性出流，一般每年的 6、7、8 月份有水，其他的月份都没有。要是赶上雨水多或者是丰水期，可能还会延长几个月。泉水流出后，汇入旁边的山沟里。

在车南峪村口有一棵 300 年树龄的古槐，曾因失火，古槐被烧得只剩下半边身子，像个垂暮的老人。古槐不远处有一个水湾。20 世纪 50 年代时，为了方便群众打水，村里特意把南泉子的水引到水湾里，这样大家吃水、浇地都方便了。现在，全村人早已喝上了自来水，大水湾自然就被废弃了。

车南峪原名"翟科"，明朝末年立村，因址在东车辐南山峪中，故改称"车辐南峪"，后简称"车南峪"。

郭娘泉

　　郭娘泉原位于莱芜区牛泉镇东泉河村东侧。因传说郭娘在此洗濯而得名，又称"郭娘锦泉""灵泉"，是莱芜历史上第一名泉，涌量曾居莱芜诸泉之首，明嘉靖《莱芜县志》即有记载。20 世纪 70 年代，因周边的业家庄铁矿开采而干涸。

　　"结伴临流兴转雄，郭娘泉水弄晴空。蚌珠涌地喷沧海，柳絮迎人拂汉宫。天外晚霞光射斗，席间短幕影摇红。酒筹莫论输多少，对月还

2020 年，村民绪明礼凭记忆指认郭娘泉旧址　雍坚摄

157

堪咏大风。"明万历四十六年（1618），翰林院提督四夷馆太常寺少卿亓诗教所写的这首题为《戊午孟夏同游郭娘泉纪胜》流传至今，从诗中"蚌珠涌地喷沧海"等句可知，当年郭娘泉之水喷涌极为壮观。亓诗教为莱芜李条庄人，明万历末年，廷臣出现党争，分为齐、楚、浙三党，亓诗教为齐党之魁，在当时的政坛赫赫有名。明天启年间，他又受到熹宗重用，擢为督察院右金都御史，奉旨钦差巡抚河南等处。

郭娘泉并非因亓诗教而有名。在亓诗教作诗题咏郭娘泉之前的明嘉靖二十三年（1544），首部《莱芜县志》出版，该书"卷之二·地理志"共记载了莱芜境内九泉，位列第一的便是郭娘泉。原书内容为"郭娘泉在县西南十二里，其流清莹，西北入汶。传者谓郭娘洗锦于此，故名。"此后400多年间，郭娘泉都以莱芜泉水第一的身份被各种文献记载。如清康熙十九年（1680）《山东全河备考》记载："郭娘锦泉出石岭下，世传郭娘濯锦于此。距县十四里，长二里半，西北流入汶。荫泉十九，仰出地中者无数。入其境可以忘记世，为莱芜诸泉之最。"

郭娘泉南，历史上曾建有灵泉寺一座。清光绪二十七年（1901），莱芜人张梅亭（赐同进士出身，礼部主事）所撰的《重修灵泉寺记碑》至今尚存（此碑现移至西泉河村北）。碑文开篇记载："莱之泉七十，以郭娘泉为最。泉出平地，北流入于汶。天将雨，云气溘然自泉而上腾，即大澍。土人旱干祈祷之所，故呼之为灵泉。泉之南有寺，曰灵泉寺。"

1965年山东省地质局八〇一队李传谟所著《鲁中南喀斯特及其水文地质特征的研究》一书中，载有一张《鲁中南著名喀斯特泉表》，此表中所记载的莱芜境内唯一的泉群即是郭娘泉群，当时其涌水量为0.16～0.43立方米/秒，出露标高为171米。2014年《莱芜市志》记载，

1958 年郭娘泉的实测涌水量最大为 363 立方米 / 小时，居莱芜境内诸泉之冠。遗憾的是，赫赫有名的郭娘泉"因业家庄铁矿开采，1975 年干涸"。

"我小的时候，还有郭娘泉，一年四季水不停。旁边有若干个泉子，那时候泉边上有个井，村里人喝的都是那个井里的泉水。除了饮用，老百姓都舀水浇地。夏天的时候，孩子都去那里游泳、洗澡。"2020 年 5 月 5 日，58 岁的东泉河村党支部书记张军昌介绍说，东泉河村与西泉河村原来是一个村——泉河村，村里现在没有姓郭的，只是传说郭娘泉是姓郭的老太太挖野菜时发现的。相传有一年天气大旱，因为没有雨水，庄稼都旱死了，老百姓只好靠挖野菜、扒树皮过日子。村里有个姓郭的老太太到村东低洼地挖野菜时，看到有一棵长势旺盛的野菜，把它挖出来后，发现野菜根上带着湿土。再回头看刚才挖出野菜的地方，竟然渗出了水。郭老太太感觉很神奇，就在那个地方往下挖，结果小坑内很快就积满了水。她回村后把这件事告诉了其他人，乡亲们带着铁锨、镐头赶到村东，把那个小坑继续挖大，最后这里竟然形成了一个很大的泉水池塘，一年四季有水，不仅供全村人饮用，还能用来浇灌庄稼。为了感激郭老太太，村民就把这个泉称为"郭娘泉"。

东泉河村村委会文书绪明礼比张军昌大两岁，他对郭娘泉的记忆更为翔实："郭娘泉位于东泉河村东，周围都是田。整个泉域占地 20 来亩，最深的地方 3 米来深，里面又根据不同情况分为鳖盖子（水中有鳖，常露出鳖盖）、鲶鱼湾、鲫鱼湾、台湾地（有水环绕的台地）、下泉挺子、东大叉、龙王殿等区域。过去，郭娘泉旁边地里都种蒜，那时候没有地膜，但泉边冬暖夏凉，每年四月十八，东泉河村的蒜就早早下来了，能卖个好价儿。因为有泉水，是附近数得着的好村，在周围村子有'金泉河，银大庄'之说。"据他回忆，位于郭娘泉泉域南部的龙王殿是最大的泉眼，也叫老泉头。当年，泉眼直径2米左右，水花一个接一个往上冒。当地传说，这里通着龙宫，以前老百姓家里办红白喜事前，在龙王殿这里念叨念叨，就能浮出大海碗，借给老百姓用，用完了接着再送回来就行。龙王殿这个地方很神奇，2007年特大暴雨时，东泉河村周围的水都汇集到这里，从这里呼呼地漏下去了。

在绪明礼引领下，笔者来到东泉河村东的郭娘泉旧址，这里如今已经垫高，变成了庄稼地，因与东侧的田地还存在一定落差，隐约还能看出一点点泉址的旧时轮廓。

星波泉

星波泉原位于莱芜区杨庄镇张家泉村，古称"星坡泉"，为莱芜历史名泉。清康熙十九年（1680）《山东全河备考》记载："星坡泉距县西北六十里，水微细，至泰安州鲤鱼沟入汶。"光绪《莱芜县志》和民国《续修莱芜县志》均有记载，称之为"星波泉"。

2020年8月济南泉水普查时了解到，星波泉已经灭失多年。原址上已被建成一所民居，青砖小瓦的旧式门楼正对着门前的小河。河中积了些泛黄的雨水，已见不到泉水出露的任何迹象。

"我们村最初就叫星波泉村，后来改为张家泉村，原来还有棵大槐树在村里。大汶河有条支流从我们村南涌过，星波泉就在河边。主泉眼旁边，星星点点有很多小泉眼。"时年55岁的张家泉村村委会主任张树

星波泉泉址如今已建为民居　雍坚摄

安介绍说，"张家泉村过去有圩子门，南门外有吊桥。周围七个村的老百姓为了抵御土匪，在张家泉村周围挖了一条沟。土匪来了，七个村的村民都躲进我们寨子里避难。土匪久攻不下寨子，只好空手而去。"张家泉村于明洪武二年（1369）建村，村里的岳东庙有600多年的历史。这座庙原来处于圩子门外，为了不给土匪提供休息场所，每次闹土匪的时候，村里就把岳东庙拆了，等到和平时期，再把庙建起来，故而留下"三拆四建"的故事。今天，在村委会东面的岳东庙，从外观上看，乃当代重修。

"建了圩子墙后，星波泉的主泉就从墙角下喷出来。圩子墙是用三合土打的，村里人害怕泉水把圩子墙给泡塌了，就用大铁锅把泉口扣上，上面再加上个碾盘。"张树安说，圩子墙拆除后，村民在1957年又找出了星波泉的主泉眼，只是它已经不往外喷水了。不过，河里还有很多小泉眼，即使用抽水机抽水，不管抽多长时间，水面也始终不见下降。

"儿时夏天在那里洗澡，水是湛清湛清的。可惜星波泉没能保留到现在，不然这里会成为一处很不错的景观。"一位路过的村民遗憾地说。

舜泉泉群

舜泉泉群概述

钢城区地属泰山余脉和徂徕山余脉，境内山清水秀，植被丰富，多数泉水汇入牟汶河。明嘉靖二十三年（1544）刊印的首部《莱芜县志》"卷之一·图考志""卷之二·地理志"共著录莱芜县境内13泉，其中湖眼泉、鹏山泉、赵家泉、莲花泉等4泉旧址位于今钢城区境内。

清康熙十九年（1680）《山东全河备考》一书记载："莱芜古泉三十五眼……后缘枯淤，仅存二十五泉……近陆续搜复古泉十处，又增新开泉十一处，通共泉源四十六。"据该书所记述的泉址，有海眼泉、连珠泉、坡里泉、清泥沟泉、湖眼泉、朱家湾泉、张家湾泉、莲花泉、鹏山泉、赵家泉、双龙泉、斜里泉等12泉旧址在今钢城区境内。

清光绪《莱芜县志》和民国《续修莱芜县志》均著录莱芜县境内49泉。其中，鹏山泉、赵家泉、斜里泉、双龙泉、莲花池泉、张家湾泉、朱家湾泉、湖眼泉、清泥沟泉、坡里泉、海眼泉、连珠泉等12泉的旧址在今钢城区境内。

1957年，莱芜县水利局对境内山泉进行调查，发现有山泉100余处。1958年，莱芜县境内泉水流量大于5升/秒的有13处。随着工农业用水量的增加，源泉逐渐减少。1991年版《莱芜市志》记载："1987年，除少数源泉外，俱已干涸消失。"该书著录了1958年莱芜县境内尚存的16眼主要泉水，其中，东泉、莲花泉、海眼泉、郑王庄泉、鹏山泉、邱山泉、辛庄泉等7泉的泉址位于今钢城区境内，另外9泉的旧址在今莱芜区境内。

另据2014年版《莱芜市志》记载,钢城区境内的东泉、莲花泉、海眼泉、郑王庄泉、鹏山泉、邱山泉、辛庄泉等7泉全部干涸。此外,该书新著录22泉,其中,清泥沟泉、桃行泉、老泉头泉、幸福泉、舜皇泉、观音泉、清泉、双杨泉、九龙泉等9泉位于钢城区,多数常年涌水,少数汛期涌水。

2019年1月,济莱区划调整后,莱芜境内诸泉相应归入济南泉水大家族。2020年7月,济南市城乡水务局(济南市泉水保护办公室)展开新一轮泉水普查工作,对莱芜区、钢城区境内诸泉的地理风貌、地质成因和历史文化信息一一进行系统采录,共探查钢城区境内泉水近50处,初步摸清了钢城区境内诸泉的家底儿。

2021年9月,《济南市新增305处名泉名录》对社会公布。其中,钢城区境内有30泉被列入名录。2023年,在《济南市名泉保护总体规划(2023—2035年)》编制过程中,将钢城区境内诸泉定名为舜泉泉群。今钢城区部分区域在明清时期曾属蒙阴县。清康熙二十四年(1685)的《蒙阴县志》记载全县"十三泉二井",其中便有今钢城区高新区的卞家泉和汶源街道的舜泉(时称"舜井")。在钢城区诸泉中,因舜泉涌量旺盛、泉池宽阔且泉水历史悠久,故将其定为泉群之首。

清泉

　　清泉位于钢城区艾山街道清泉岭村。泉水位于村西，清澈甘甜，四季出水，故名"清泉"。据村碑记载，清乾隆二年（1737）曹姓在此建村，村民多种蔬菜，村子因此得名"青菜岭"。后嫌"青菜"不雅，又因村西有一眼"清泉"，村子便更名为"清泉岭"。

　　清泉位于清泉岭村西部，西靠凤山，北靠轿顶山。自古以来就是一个大坑似的泉眼，常年不干。当代，清泉的泉口处被改建成密封大泉

清泉　邹浩摄

池，泉池留有一个长方形井口，井口处装了活动井盖，以保持水源清洁。井口外有石头护栏三面围护，护栏的左右望柱上分别镌刻着"清泉"和"二〇一五年三月"。泉池中架了水管，可以将泉水引到村里。"目前村子里计划统一安装、铺设自来水管道，现在临时用了一口230米的深井提供饮水，清泉水暂时只供住在近处的几户人家使用。"2020年8月，71岁的村党支部书记曹泉清介绍说。

在清泉泉池边靠山一侧建有长约100米、高约3米的青石护墙，石墙顶部刷成白色，做了云纹处理，看上去波澜起伏，十分美观。据介绍，青石护墙是2017年修的，一是为了美观，二是防止山体滑坡。在这个墙面上，有些特意设计的方形孔洞，是为村民过节时放萝卜灯特意留的。萝卜灯可以放到大门口、磨台、井台、牛栏、鸡窝、猪圈旁，也可以放到路口、河边或是山坡上。村子在石墙上特意保留放萝卜灯的灯台，既尊重了老百姓祈望平安幸福的传统习俗，又注重了防火安全。可以想象，在乡村黝黑的夜里，石墙上星星点点的萝卜灯和天上繁星一起闪烁，彼情彼景，美不胜收，为清泉岭村增添了浓郁的节日氛围。

"清泉泉水在山清，岭上白云岭下风。君至莫嫌道路远，四方苍翠一玲珑。"在清泉边的墙壁上，李官珊题写的这首七言绝句，恰如其分地描写出清泉一带的优雅风光。

西流泉

西流泉位于钢城区艾山街道高峪村村西，因所处方位而被高峪村村民称为"西流泉"。值得一提的是，此泉历史上曾属于桃花峪村（今双阳桥村），因其泉址在桃花峪村村东，桃花峪村民称它为"东岭泉"。

2020年8月，81岁的刘明远老人带领济南泉水普查队来到村子西南的庄稼地，虽然杂草长满田埂，高高的玉米遮挡视线，老人还是以一棵

西流泉　孟庆龙摄

牛道碑　孟庆龙摄

高大的白杨树作为地标，顺利地把大家带到西流泉边。只见西流泉的泉口处状如一把太师椅，一块高的石堰作椅背，两块矮点的石堰作扶手，泉水从椅子的平面流出来。

　　"此泉四季不干，1958年村里建设水利之前一直靠西流泉提供生活用水，附近有村民用泉水种菜、浇灌庄稼。"刘明远说，"西流泉原来是桃花峪村（今双阳桥村）的，小庄跟着大庄走，平时不旱的时候，桃花峪让咱喝，咱给他钱。赶上天旱，人家大庄就不愿意了，种庄稼要紧，人家说了算，给钱也不让。后来，俺村就把西流泉买了下来。"

　　村党支部书记刘房东解释说，买泉之事发生在清代，现在还存有牛道碑作为历史见证。牛道碑位于高峪村和双阳桥村之间，钢城区政府已经将其列入文物保护范围。该碑立于光绪十七年（1891），据碑文大略可知，开始是高峪村拿出几亩地，换出一条赶牛路，到西流泉饮牛。随着荒地的开垦，庄稼种得茂密，不仅赶牛路日渐狭窄，牛吃庄稼也容易产生矛盾。高峪、桃花峪两村发生纠纷，相持不下，一张状纸告到蒙阴县衙（高峪村原属蒙阴县），蒙阴县衙多次派人调解未成。清咸丰三年（1853），县太爷郑仁宪断明：高峪村买下桃花峪村十五杆长、三杆宽（一杆大约 1.85 米）土地荒场作为饮牛路。后来桃花峪村村民周桂远和高峪村村民刘继达因为牛道生起争端，相持不下，一张状纸又告到蒙阴县衙。蒙阴县令再次明确了桃花峪境内的泉是高峪村"饮牛之所"，并重新界定了饮牛之道的宽度，强调两村村民要"礼让成风，亲睦为俗"，并刻石永志。

高峪村于明洪武年间由鲍、王、董姓建村，址在村西岭，取名"坡庄子"。明末清初，又有白、李、刘、高、张、倪等姓迁来，与坡庄子村民共同建村，因四面环山、位置居高而取名"高峪"。

蛤蟆沟泉

蛤蟆沟泉位于钢城区艾山街道清泥沟村村北的蛤蟆沟，泉因沟名。又因蛤蟆沟位于村子北边，所以此泉也被村民称为"北泉子"。

清泥沟村村北的蛤蟆沟为东西走向，因沟里有块大石头，形似蛤蟆，所以被称为"蛤蟆沟"。"一块大石头蛋，就像个趴着的蛤蟆。书上、画上叫金蟾，咱当地叫金蛤蟆。老百姓说，这是招财进宝的意思。一只金蛤蟆，守着一个金葫芦。"2020年8月济南泉水普查时，清泥沟村党

蛤蟆沟泉　邹浩摄

172

蛤蟆沟泉及周边景色　邹浩摄

支部委员张金达介绍说，"金葫芦就是蛤蟆沟泉。这里草太密了，得清出来才能看见石蛤蟆。"

蛤蟆沟泉就在沟底石隙中汩汩流出，村民利用天然石块加混凝土抹缝，在泉口处围起两个不规则泉池。其中一个泉池中预埋了水管，设置了出水口，便于村民取水。当普查队员准备检测水质时，一位前来取水的村民放下水桶，很自豪地介绍说："这个水好啊，甘甜，烧水一点锈也没有。"

清泥沟村建于明代，因村东南有清泥沟泉而得名。清泥沟又称"青泥沟"，明嘉靖四十二年（1563）《泉河志》所载"新浚沟渠并泉"中，便有"青泥沟"，为"汶河上源"。早在清康熙十九年（1680）《山东全河备考》一书中，亦记载了此泉："清泥沟泉，距县四十里，长半里，通流入汶。"让清泥沟村得名的清泥沟泉，在当地又称"清泉""南泉"。据村志记载，南泉曾经常年出水，品相极佳。每年雨季，泉水喷高尺余，蔚为壮观。泉周围更有无数小泉，像群星捧月，小泉吐水如珠，连贯成串，为莱芜一大景观。泉水四溢，人们用巨石将泉眼压盖，致使泉水外流缓慢，经年细流。石条上建石楼一座，4 米见方，高有 2 丈，顶用小瓦盖面，下为石条作栏，故谓之"南泉楼"。古时候，曾有人作诗赞咏南泉："水流长注数南泉，西去汶河水之源。牟嬴名泉七十二，他压群芳第一泉。"

因为南泉水质良好，泉水滋养的莲藕久负盛名，生吃脆甜如梨，有汁无渣且个大白嫩，单枝最重者有 10 斤多。1970 年以后，随着莱钢在此选址建厂，大量开采地下水，南泉逐渐干涸，南泉楼也因破败而坍塌，现在原址已经建筑房屋。清泥沟村藕塘面积也大幅缩小，目前还有 10 余亩，主要靠自备井水补充水源。

龙吟泉

  龙吟泉位于钢城区艾山街道九龙庄。此泉原名"蒙阴泉",因九龙庄隶属蒙阴县而得名。由于"蒙阴"和"龙吟"音近,当代,"蒙阴泉"衍称为"龙吟泉"。2014年《莱芜市志》曾记载此泉为"九龙泉"。

  龙吟泉在九龙庄村的一堵石堰前,据说石堰原为村内一董姓祖居的院墙基础。泉池长约3.5米,宽约2米,青石砌筑。2020年8月济南泉水普查时看到,泉水自池壁流出,池内水深约0.3米,清澈见底。"泉池近年做过维修,但是基本格局没变。我小时候就喝这个水,拿瓢舀,

龙吟泉 孟庆龙摄

龙吟泉　孟庆龙摄

用挑子担。"九龙庄村党支部书记兼村委会主任赵方会说。泉池底部有预埋的水管，可将泉水引入村中，便于取水。近年来，九龙庄村有了自来水和自备井，已经不大喝龙吟泉的水了。

赵方会介绍说，九龙庄四面环山，北面是九龙山，西面是马头崖，东面是福禄山，南面是小山。从空中俯瞰，山如九龙连环，九条龙又汇成一条巨龙，头在马头崖，尾在福禄山。传说有一年大旱，禾苗焦枯，九龙庄的井都见底了，全村都在为吃水发愁。一天，村子里来了一位白衣男子，向村民讨水喝。看他唇焦口燥，一位好心的老太太给他端来一碗水。可他没喝，而是把水碗放了地上。此时忽然狂风大作，白衣男子转眼不见了。在他放碗的地方，冒出来一股泉水。此事令全村人喜出望外，大家在泉口处淘挖，泉水流得更旺了。当天晚上，老太太又梦见了白衣男子，问他是谁，对方笑而不答，用手指了指身后的马头崖。老太太醒来把此事告诉了村民，大家一想，马头崖是九龙山的龙头所在处，白衣男子肯定就是九龙山的老龙王了。

九龙庄于明代中期由董姓先民建村，原名"董家庄"。明清至抗日战争前期，董家庄一直属蒙阴县，龙吟泉也古称"蒙阴泉"。近百年来，当地多次变更辖隶关系。1939年曾划归新成立的新甫县，两年后划归莱芜县；1945年10月又划归新泰县；1983年，董家庄改称"九龙庄"；1991年1月，新泰市寨子乡划归莱芜市，九龙庄随属；1993年1月建立钢城区后，九龙庄改属钢城区；2000年12月，钢城区寨子乡与城子坡街道合并后，更名为"艾山街道"，九龙庄改属艾山街道。

九龙庄有古银杏树一株，1998年莱芜市古树名木普查时，被专家认为是莱芜市境内最古老的银杏树，树龄逾千年。银杏树下是一座始建于清乾隆三十一年（1766）的关帝庙，清嘉庆、光绪年间重修关帝庙的石碑保存至今。

扳倒井

　　扳倒井位于钢城区艾山街道肖马庄村。所谓扳倒井，是人们将局部高地挖低，去除阻隔，使得井水可以流出，形制上是一种侧面开口的筒井，看似把井"扳倒"了，此为扳倒井一说的由来。

航拍扳倒井泉池　孙若曦摄

肖马村的扳倒井由两个泉池组成，大泉池为长方形，长7米，宽6米，深约3米，清澈见底。小泉池为边长约4米的方池，两池相距六七米。当地人认为，大泉池就是扳倒井传说的"本尊"，池底泉脉相通，雨季池水皆涨，旱季池水皆降，大旱之年，两个泉池皆干。2020年8月济南泉水普查时，扳倒井泉涌旺盛，处于出流状态，清澈的泉水沿着泉池边缘流入旁边的小河。扳倒井村党支部书记徐西成介绍说："我小的时候，这里没有现在的井台井栏。井台就在地上，水面离地面很近，一弯腰就能够着水。"

据当地人介绍，关于扳倒井的传说，至少有三个不同的版本。

版本一：古时候，有一位骑马的老人经过肖马庄，因天气炎热，老人向农妇索水饮马。农妇觉得给人喝的水桶不能饮牲口，就没有答应。老人见农妇不情愿，就说："既然大嫂不肯把水桶借给我饮马，我就只好把井扳倒饮马了。"言毕，只见老者蹲身发力，伸出双手把井扳住，那井口竟真歪了过来，水从井沿上哗哗流出。农妇目瞪口呆，心想一定是遇到了神仙，便赶紧向老人道歉。老人说："不知者不怪，还望你以后多行善事。"说罢，骑马扬长而去。

版本二：王莽时期，刘秀曾带兵到这里，看到水井后，因井水太深无法取水而犯了难。刘秀本想向村民借工具打水，可环顾四周，一个人影也没有。刘秀无奈地叹气说："井要是倒了就好了。"他是真龙天子，土地神听后马上遵旨照办，真把井给扳倒了，清澈的泉水从井口流了出来。后来刘秀建立了东汉王朝，扳倒井的故事就此流传下来。

版本三：有一年麦收季节，吕洞宾骑马经过此地，向一农妇借桶饮马，农妇以人畜不能共用一桶而拒之，吕便将井扳倒饮马。马把井水喝干了，还在泉边留下一个巨大的马蹄窝。从此，每年麦季，总有一天水不外流。村民把印着马蹄窝的石头立起来，树为井碑。2007年，村里

扳倒井出水口　董传龙摄

加高井壁时，井碑被打碎，做了砌筑石料。

肖马庄村始建于明代，因肖、马两姓建村得名。该村地处层峦叠嶂的群山之中，较为闭塞和偏僻，村内至今还保留着清举人李应翰故居、围墙子、神道碑等历史遗存。扳倒井西侧，原有清代关帝庙一座，20世纪 60 年代遭毁坏，2006 年村民又捐资重修。每年正月十六，肖马庄及周边村庄的村民都来此赶庙会。关帝庙南侧原有百年石桥一座，桥墩由五个碌碡充当，号称"五龙桥"。当代重建此桥，五个碌碡"卸任"后，被闲置在关帝庙旁。

卞家泉

卞家泉位于钢城区高新技术开发区卞家泉社区东部，该社区前身是卞家泉村。据村碑记载，卞氏于明朝天顺年间在此立村，因村内有泉，故名"卞家泉"。村民也称卞家泉为"老泉子"。近年来，它又被称为"小珍珠泉"。

卞家泉泉池长30米、宽20米，青石围墙上有刷了白漆的金属栅栏，四边挂着二十四节气的文化牌。泉池底部埋有水管，泉水被引入田野边的混凝土蓄水池。蓄水池里面有台阶，方便村民洗涤。旁边的出水口连着排水沟，也起到了灌溉的作用。沟渠上每隔一段距离就有一段水泥桥，通向耕地的田埂。

2020年8月，时年70多岁的当地居民葛效锡介绍说，最早这里是一个大的芦苇荡，中间大的泉眼有3个，似济南市区的趵突泉，汨汨地

航拍卞家泉所在村庄　孙若曦摄

181

卞家泉近景　孙若曦摄

往上冒，周围有一个小泉群，足有 30 多个泉眼，常年流水潺潺。自 20 世纪 50 年代开始，卞家泉池经过了 3 次改建，最近的一次改建于 2017 年完成。葛效锡说："这泉水可好了，冬暖夏凉，四季不干。老一辈子、少一辈子都喝这里的水。"卞家泉社区党支部书记刘学英说："村子里 90 岁以上的老人有十来个呢，就是因为俺这里山好水好。"

据了解，2016 年，钢城区政府相关领导到卞家泉子调研，发现泉水上涌，频吐气泡，遂别称它为"小珍珠泉"。当地人就在泉边一块玲珑奇石上镌刻"小珍珠泉"四字，背面记载了此次命名的始末。

卞家泉村从明清至 1941 年，属蒙阴县所辖。方志记载显示，卞家泉在历史上一直是蒙阴的名泉。清康熙二十四年（1685）《蒙阴县志》（卷之二）共记载了蒙阴境内的 13 泉 2 井，其中就有"卞家泉，在城北一百五里历山社，入莱芜县汶河，接济运道"。2015 年《莱芜市钢城区志》记载："卞家泉位于卞家泉村中……有碗口大的泉眼 3 个，常年喷水，周围有 30 余个小泉眼形成泉群。民国初年，只在泉周围建一小泉池，后 3 次改建。2005 年，泉池改建为长 30 米、宽 20 米的大泉池。泉旁建有饮水井，供村民饮水、灌溉之用。"

饮马泉

　　饮马泉位于钢城区棋山国家森林公园马泉村村南 100 米处的河边。传说大明开国皇帝朱元璋曾在此饮马，故名。

　　饮马泉泉池长 3.6 米，宽 2.6 米，水深 1.7 米，顶部封闭，留有长方形取水口。2020 年 8 月，东马泉村委会主任宓书孔介绍说："饮马泉泉水从前距地面很近，用 1 米长的杆子钩住桶，就能打水。1984 年一场大雨之后，水面增高。为了安全和卫生，村里对泉口处进行了棚盖。"从西到东，马泉村分为西马泉、中马泉、东马泉三个自然村，原来则分别

饮马泉泉口　孟庆龙摄

饮马泉周边景况　孟庆龙摄

叫上马泉村、下马泉村和饮马泉村。因为三个马泉村离得很近，所以大家就混着叫。传说皇帝在西马泉上马，在中马泉下马，在东马泉饮马。

宓书孔说，"蛤蟆不叫，棘针没钩"的民间传说在当地妇孺皆知。"有人说是光武帝刘秀，也有人说是明洪武帝朱元璋。传说朱元璋看这里水浅，就在这里饮马。蛤蟆一叫唤，马不敢喝水，朱元璋就说：'蛤蟆你先别叫，等我的马喝完水。'从此，这里的蛤蟆就不叫了。马泉东边的关爷岭上长了不少软枣树。别的地方的棘针除了直角钩还有倒角钩的，咱这里的软枣树只有直角钩。传说朱元璋从这里走，软枣树上的棘针钩到了他的袍子，朱元璋就说：'软枣树啊，你别长倒钩，钩着我的袍子了。'从那以后，咱这里的棘针就没倒钩了。"

在西马泉村村南的池塘里，还有一眼下马泉。泉眼在河边小池塘的东北角上，池水深四五米，周围是一层层的庄稼地。因为是山地，庄稼种类不同。野草为泉子打造了一个不规则的天然泉池，因为池水较深，颜色暗绿，只能用来灌溉。视线掠过池塘向南，可以看到河岸边上一层一层的岩石，间杂着泥土，呈现出非常整齐的直线条形状。西马泉村农作物品种多，则得益于下马泉泉水和泉水边的那条无名小河。小河在村南面，是一条季节性河，也是汶河的源头之一。（注：下马泉未列入2021年《济南市新增305处名泉名录》）

观音送子泉

观音送子泉位于钢城区棋山国家森林公园杨家楼村村北双泉山上。传说此泉之水经观音奶奶点化，喝了此水后，要儿得儿，要女得女，故名。

观音送子泉出露于双泉山顶一堵石堰的底部，在泉眼下方有青石垒成的方形泉池。方形泉池依着地势在一角开口，水自然流出，非常清澈，像一面小小的方镜。与一般的山泉有所不同，泉眼上方半米左右的地方有个 A4 纸大小的佛龛洞。在泉子东南方不到 100 米处，建有一个迷你观音庙。据了解，这个位置原有的观音庙已经被毁坏，现在的观音庙是后来在原址上重建的。当地老百姓把观音庙叫作"观音奶奶庙"，把庙旁的观音送子泉叫作"观音堂子"。旧时，药店常以"某某堂"为名，"观

观音送子泉　孟庆龙摄

观音庙　孟庆龙摄

音堂，观音堂，送子观音坐上方"，"观音堂子"暗含比喻。

　　双泉山不高，因拥有双泉而得名，除了观音送子泉，还有牛蹄泉。牛蹄泉离观音泉直线距离不远，但需要下坡再上山，步行将近 10 分钟。2020 年 8 月，济南泉水普查时发现，牛蹄泉的形状恰如一只放大的牛蹄，约有 0.5 米长、0.2 米宽，水深 0.3 米。"原来这里有个堰，就是石头脊梁，后来被人砸了。原来有石头脊梁的时候，牛蹄泉看起来比现在更形象和逼真。"杨家楼村民李庆实介绍说，在双泉山上耕作、放牧的人，过去都喝这两个泉子的水。山上还有些石屋子，在抗日战争时期，游击队员就在石屋子里住，喝这里的泉水。（注：牛蹄泉未列入 2021 年《济南市新增 305 处名泉名录》）

　　据了解，双泉山是两个村共有的，山的东面归杨家楼村，山的西面归前朱山村。杨家楼村由杨姓先民始建于明朝正德年间，最初杨姓在村内建有一座小石楼，故村名称"杨家楼"。

山泉

　　山泉位于钢城区棋山国家森林公园尚家峪村村东南方的焦岭，为尚家峪村世代饮用水源。此泉没有大名，村民们约定俗成，称之为"山泉"。

　　山泉距尚家峪村约有四五里山路，泉口处进行了水泥棚盖，外面围绕着铁丝网，作为村子的水源地被精心保护起来。常年不枯的山泉，养育着全村人，也灌溉着周围的庄稼。顺着泉水流经的河道，往下就是一方小水库，水库的溢洪处是一个悬崖，雨水大的时候从此处泄洪，形成一挂十分好看的瀑布。为了用水方便，尚家峪村在村东建了一个封闭型

山泉　邹浩摄

蓄水池，将山泉的水引入蓄水池，那里有管道供村民接水。

"山泉在老辈子就有了，一年四季不干，过路人和十里八乡的村民都爱到这儿来取水喝。这个水口感清甜，烧开后没水锈，很多家里有井的人也喝这个水。" 2020 年 8 月，尚家峪村党支部书记尚绪才介绍说，"周末来俺村东头接山泉水的人特别多。有莱钢的，也有附近村里的。咱这水是天生的，不收人家钱。"

据了解，尚家峪村北面、东面与淄博市沂源县龙子峪相邻，两地的分水岭为焦岭，尚家峪村就坐落在焦岭的前怀。焦岭旧时是莱芜到沂源的必经之路，行人在此转来转去，累得"心里发焦"，所以就给这条山岭起名叫"焦岭"，俗称"转山子"。

文姜泉

　　文姜泉位于钢城区棋山国家森林公园北泉村，旧名"北泉"，因泉旁颜奶奶殿祭祀孝妇颜文姜，而得名"文姜泉"。2014年《莱芜市志》记载此泉为"老泉头泉"，"最大涌水量可超过1000立方米/秒"。

　　文姜泉自东南睡虎山峭壁底部涌出，泉上峭壁由层层页岩构成，上面长满了青苔，像一块巨大的碧玉屏风。村民在峭壁前修了一道石堰，将泉口处围拢起来，形成一个4米长、2米宽的长方形泉池，水深3～4米。泉池旁边建有抽水泵房一座，在没有通自来水前，全村人都喝这里的水。

文姜泉和泉池一侧的滚水坝　左庆摄

文姜泉　董传龙摄

现在仍有村民利用泵房，在空中架上水管，抽取泉水饮用。泉池的另一侧即是河道，为牟汶河支流之一辛庄河的上游。文姜泉之水，通过石堰上的排水口汇入河道。河道上建有一条青石漫水桥（滚水坝），正好做了通向文姜泉的通道。

2020年8月济南泉水普查时，正值雨季，除了漫水桥中间的排水口在汹涌下泻外，山水与泉水也交汇在一起，漫过石桥，形成一道美丽的瀑布。此时到达泉边，需要脱下鞋子，蹚水过桥。在漫水桥与泉池相交处，立有清宣统三年（1911）所刻的石碑，字迹漫漶不清，大体内容是记载重修颜奶奶殿一事，并刻有倡建、捐资者的姓名。文中有"村东封山下有灵泉一区，固吾村风脉所系"之记载。

时年44岁的村民李香美介绍说："文姜泉因文姜得名。文姜就是淄

文姜泉泉池　雍坚摄

博的颜奶奶——颜文姜。听老人讲，俺庄里这个颜奶奶庙是淄博颜奶奶庙（今淄博市博山区的颜文姜祠）唯一的分庙。"东晋末年郭缘生的《续述征记》最早记载了颜文姜的故事："梁邹城西有笼水，云齐孝妇诚感神明，涌泉发于室内，潜以缉笼覆之，由是无负汲之劳。家人疑之，时其出而搜其室，试发此笼，泉遂喷涌，流漂居宇，故名笼水。"笼水即今淄博境内的孝妇河。后世民间传说中，逐渐丰富了这位"齐孝妇"的形象，为了衬托颜文姜的孝顺，还增加了她遭恶婆婆虐待的情节。据了解，北泉村颜奶奶庙就在文姜泉水上方的山崖上，原来庙里的颜文姜塑像已毁坏，原址尚有围墙和瓦檐。

胡家泉

　　胡家泉位于钢城区棋山国家森林公园幸福村西北 1 公里处。2014 年《莱芜市志》记载此泉为"幸福泉"，"常年涌水，受降雨影响不大。涌水量 7 ～ 8 立方米 / 小时"。

　　胡家泉附近是幸福村的水源地，禁止村民耕种，泉子附近青石岩下，长满了芦苇和野草。胡家泉的泉口处被建为封闭泉池，池长约 5 米，宽约 4 米，泉池里的水通过管道连接到村子里，入户供村民饮用。2020 年

幸福村胡加泉密封泉池外观

8月济南泉水普查时，可见池中泉水充盈，泉池外墙根部有泉水渗出。"这个地方原来是涝洼村的，地主姓胡，这个泉子在人家地里，大家叫它胡家泉子。1974年修水库的时候，这个泉子就在河道里。它不是像趵突泉那样咕嘟咕嘟地冒，就是这么悄无声息地往外淌水。2010年修水利的时候，我们把石头挖了挖，垒了个池子。"时年64岁的幸福村党支部书记刘年富介绍说，胡家泉的水很好喝，从前村民到这里取水，就是抄近路，也得挑着扁担走一里路。现在通上自来水管道，可以直接把泉水引到家中。

幸福村于清咸丰元年（1851）建村，原属仙人桥村，后以方位在牟汶河的西岸，取名为"河西村"。1955年村庄规划时，取吉祥之意改称"幸福村"。（注：胡家泉未列入2021年《济南市新增305处名泉名录》）

圣水泉

　　圣水泉位于钢城区棋山国家森林公园内。原是大花岗岩石下汨汨渗出的泉水，周围没有遮挡，是一个面积较大的天然泉池。近年来建为长约 10 米、宽约 5 米的不规则泉池。泉旁一株大栗子树长势旺盛，如同威风凛凛的卫士，守护着圣水泉。

　　2020 年济南泉水普查时了解到，圣水泉出涌旺盛，泉水经预埋的管

圣水泉泉口处景观　雍坚摄

道通过公路下的涵沟。从涵沟侧面望去，可以看到大块的花岗岩和向西南延伸了1公里左右的溪谷。清源水厂以圣水泉作为水源地，对外出售19升的桶装矿泉水。因水质优良，桶装矿泉水在周边销量很大。该厂负责人孙文健介绍说，2003年左右，他的父亲修葺石堰，发现圣水泉水甘洌清甜，符合国家饮用水饮用标准，于是在这里筹建了水厂。

除了圣水泉，棋山国家森林公园中一处名为"温泉小镇"的旅馆院内的峪沟中，还有一眼无名泉。

棋山为徂徕山余脉，2014年被命名为国家森林公园。明嘉靖《莱芜县志》载："晋建元间，一樵子采薪，见二人弈，其一人授之药一丸，随久观其弈，至斧锈烂，及归，无复时人。"因为这个"山中一日，人间百年"的"棋山柯烂"故事，棋山由此得名。（注：圣水泉及无名泉未列入2021年《济南市新增305处名泉名录》）

青龙泉

青龙泉位于钢城区里辛街道桃行村棋山脚下一处"口袋公园"中。泉边流水潺潺,有石桥、泉亭、小溪相伴,景色雅致。2014年《莱芜市志》记载此泉为"桃行泉", "最小涌水量6立方米/小时"。

2020年8月泉水普查队来此勘察泉水时,泉亭里三三两两坐了不少村民。时年48岁的胡启美介绍说,她从前就是桃行村人,村里一共一二十户人家,五十来口人,青龙泉所在地就是原来小村庄的中心。因为四周多山,没有路,生活很不方便,于是部分村民就搬到了西边。"我们小时候就叫它泉子,青龙泉之名是最近起的。"胡启美说, "这处泉水以前比这还大,泉淌出来流入旁边的沟里。从前沟里有小鱼、小虾、小泥鳅,鱼都不大,两寸多长。"

"棋山柯烂"的故事流传很广。东晋虞喜所作《志林》载:"信安山有石室,王质入其室,见二童方对棋,看之,局未终,视其所执伐薪柯已烂朽。遂归,乡里已非矣。"全国旅游景区以自然景观与人文景观相融合构成的"棋山柯烂"传说也为数不少,但钢城区的棋山故事别有特色,在烂柯之后还有关于棋盘、棋子的情节。传说梁武帝在棋山观看仙人下棋,仙人棋未了而去,梁武帝急忙令士兵把棋子带回宫复盘。士兵慌乱之际落下了一颗,所以在棋山山巅上现存的棋子垭棋盘上只有一粒棋子。

青龙泉　邹浩摄

南泉·黑石涧泉

　　南泉和黑石涧泉位于钢城区里辛街道后朱山村。南泉子位于村子南柿子林边，因方位而得名"南泉"。黑石涧泉位于后朱山村北侧的黑石涧，泉因涧名。

　　南泉子有个高出地面半米左右的井台，泉水从井台底部一侧的出水孔中潺潺流出。泉边有一片柿子树，其中有的柿树已有上百年的树龄，为山村平添了古朴幽静的韵味。据了解，目前的圆形泉井台是 2005 年修的，在此之前，南泉就是一个湾，底部面积很大。此泉为季节性出流，

南泉　邹浩摄

黑石涧泉　孙若曦摄

黑石涧泉所在的山崖　孟庆龙摄

特别旱的时候无水。南泉的水烧开后没有水垢，当地村民过去都以它为饮用水源。后朱山村党支部书记吕振华介绍说："南泉子原来靠近村子中心，后来新建的房屋越来越向北，就显得离村子远了，得一里路。这个泉子没有大名，因为在村子南部，都叫它南泉子。目前，村子里既有大口井，也有深井，生活用水基本上不用它了。"

黑石涧泉自大青石下的石缝里流出，经过草丛，流进一旁的黑石涧沟。当代村民在黑石涧沟垒了几个塘坝，蓄黑石涧泉水，以供灌溉庄稼和树木。吕振华说，在没有筑坝之前，黑石涧景色更好看。这里涧沟很深，有4米多。涧沟旁的岩石纹路齐整，层层铺叠，由青岩、砂石岩和泥岩构成。岩石某些部位的结构不致密，里面的泥岩部分有孔洞，可以存水，能做盆景底座。人们称这样的石头为"上水石"。最近几年，为了涵养水土，当地已经禁止开采。

月牙泉

月牙泉位于钢城区里辛街道玥庄村东北方 1.5 公里处的东泉沟。此泉背靠一堵 4 米高的石堰，泉水在石堰底部的石缝中汩汩流出，距离地面约 0.3 米。月牙泉泉池为天然大石围成，呈不规则形状，与月牙并不相似，此泉得名原因不详。

2020 年 8 月，济南泉水普查队从玥庄村东北的银泉饭店后门穿过，走下一段缓坡，进入杂草丛生的东泉沟。沿着沟底走了几十米，找到了月牙泉。"泉子常年有水，下了雨就大，不下雨就小，很少断流。"玥庄村郭召敏介绍说，"月牙泉水沿着深沟流向颜庄，一直到汶河的源头。

月牙泉　孙若曦摄

月牙泉周边景观 邹浩摄

这个石堰，是农业学大寨的时候垒的。当时这里很荒凉，老百姓在这里干活，为了喝水方便才垒上的石堰。"在月牙泉的石堰上，还贴着类似福字的方形纸片，经风吹雨淋，已看不出上面的字迹。银泉饭店的老板娘解释说，上面贴的是"平安吉祥"。

除了月牙泉，在玥庄村北的一条通向田野桥下的水沟里，还有一眼珍珠泉。村民为了取水方便，在泉口处修建了一个长 0.8 米、宽 0.4 米的水泥泉池。泉池中插有黑色的抽水管，可将珍珠泉水引出，以灌溉庄稼和菜地。附近村民介绍说："珍珠泉原来就是天然的水窝子，从石缝里往外淌水。泉水含有矿物质，烧水有锈，做豆腐特别好，别的水做豆腐都不如这个水。"据了解，过去，来珍珠泉取水的人很多，20 世纪 90 年代，潘西煤矿的职工都骑着自行车、摩托车到这里打水喝。2000 年以后，棋山上的矿泉水更受大家欢迎，到这儿来取水的人就少多了。（注：珍珠泉未列入 2021 年《济南市新增305 处名泉名录》）

在玥庄村老人的记忆里，月牙泉和珍珠泉两个泉子出涌旺盛，常年有水。自 20 世纪 70 年代莱钢开始建设起，由于水资源的消耗，两处泉水的涌量不复当初。

元朝末年，朱姓由山西迁此建村，原名"朱家园"。传说朱家园里出夜明珠，夜明珠又称为"玥"，故村名改称"玥庄"。自明洪武年间开始，玥庄世代传承着一项著名的非物质文化遗产——莱芜梆子（又称"莱芜讴"），其唱腔粗犷激昂，高亢奔放。当代，村里有莱芜讴班子对外演出。

长寿泉

　　长寿泉位于钢城区里辛街道凤凰峪村东北部，在村子自己修的小公园东侧。因为饮用泉水，村里长寿老人尤其多，所以将此泉命名为"长寿泉"。

　　长寿泉处在一段矮岭下的水平地面上，一股水脉两个泉眼，外观为左右两个直径半米多的圆形泉井，一个是水泥砌筑，另一个是天然石材砌筑。两个泉井间立有一架铁梯，以方便居住在泉水东侧高处的居民下来取水。据村民介绍，长寿泉全年不干，水质甘甜，各项化验指标也都合格。不仅村子里的居民以此泉为饮用水源，稍远地方的居民利用节假日也常到这里来取水。

　　凤凰峪村于明洪武二年（1369）建村，初称"凤凰村"，后因村址建于沟峪内，改称"凤凰峪"。在村北凤凰山和村东馍馍山夹角处，是该村建村时就存在的老泉子——凤凰泉。村民段明孝介绍说："凤凰泉以前是一个小泉，泉水从一个大石头蛋缝隙中流出来。后来人们将大石头蛋下凿，形成一个长4米、宽2米的泉池，池内水深3米。这个泉子很旺，用潜水泵抽水浇树，连抽4个小时都不干。池中水满了，就从花岗岩这边渗出来。凤凰泉的水质也很好，过去常有莱钢人到这儿来灌泉水。"因为路远，现在已经没人到此取水。（注：凤凰泉未列入2021年《济南市新增305处名泉名录》）

长寿泉　邹浩摄

清泉

清泉位于钢城区里辛街道小官庄村西北部，是明初建村伊始就存在的老泉。小官庄村初称"清泉官庄"，即因这里有一眼常年流水的清泉。当代，村民们也俗称它为"四方泉"或"四方井"，因其外观是一眼方形大口井。

清泉泉池边长 1.5 米，泉井的石壁古朴大气，默默诉说着岁月沧桑。从井口往下看去，只见泉水清澈丰盈，距离地面很近。清泉与河道相邻，河道石岸上镶嵌着楷书"清泉"泉名碑，立碑时间为"中华民国二年荷月"，即 1913 年农历六月。横跨河道的石桥距清泉不远，桥栏上刻着"清泉桥"三个字。此桥由三个石柱支撑，桥面石板栏的里外都刻着字，分别是"水流南北四方泉，桥通东西八面路""牢记党恩，振兴中华"和"励精图治，饮水思源"。

"全村人以前都喝这里的水，前年还淘了淘井。"2020 年 8 月，小官庄村支部委员吕鹏介绍说，"现在大部分村民都喝棋山上的水，不再喝四方井的水了。不过，住在近处的村民还会来这里取水喝。清泉桥是 1987 年重修的，原来是用大石头担起来的。"

清泉周边，旧时是小官庄村的公共活动区域，其西北侧有关帝庙，西南侧有土地庙。现在的建筑都是村民在庙宇原址上翻修的。

清泉　孟庆龙摄

神泉

　　神泉位于钢城区汶源街道龙巩峪村村南凤山脚下。传说此泉之水能治百病，所以大家称之为"神泉"。又因为神泉在村子的南边，村里人也叫它"南泉子"。

　　神泉自凤山脚下一片长满青苔的大页岩下汩汩流出，形成一汪天然小水塘，然后又溢出水塘，顺山谷下流。幽静的山林与哗哗作响的泉水相映成趣，造就神仙之境。在神泉附近，有棵被围栏保护起来的百年流苏树，树冠张开，如一把巨大的翠伞。

神泉　孟庆龙摄

神泉附近植被丰富　孟庆龙摄

2020 年 8 月，据龙巩峪村党支部书记董纪营介绍说，目前只有村民偶尔来神泉接水，村中的饮用水和灌溉主要依靠自备井和山泉。龙巩峪周围的山岭，还有很多小泉眼，村民就近接上水管，即可实现山泉水入户。由于神泉的滋润，凤山上树木繁盛，除了流苏树，还有上百年的柿子树、软枣树和黄楝树。如果再往岭上走，还有两个人都抱不过来的古柏树。

"凤山这里山高、水高，泉水没有一点污染。神泉在附近一带很有名气，都传说泉水能治百病。喝了神泉水，小病小灾就好了，所以这个泉子被称为'神泉'。以前，一些有年纪的老人，赶上特殊的日子，就会到泉边来烧纸敬拜，祈求祛病消灾。"

据了解，在神泉往上的山坡上，原立有一块"英名犹存"石碑，是解放战争中第十八集团军鲁中军区第四团全体指战员为第三次讨吴（吴化文）战役黄庄战斗中殉国的 17 名烈士所立。2015 年，莱芜战役纪念馆将该石碑移入馆中，永久馆藏。

舜泉·历泉

　　舜泉、历泉位于钢城区汶源街道柿子峪村历山山脚下。舜泉居北，历泉居南，两泉得名均与"舜耕历山"的传说有关。今柿子峪村历史上由柿子峪、舜皇庙和罗圈崖三个自然村组成，舜泉和历泉原在舜皇庙村，此村位于历山脚下，因村北建有舜皇庙而得名。

　　舜泉有一小一大两个泉池。泉口处是边长3米的小泉池，池上修有四角泉亭，泉池边修有精美的围栏。小泉池之水通过暗管排入西侧的大泉池。大泉池长40米、宽28米，总面积1100多平方米，蔚为壮观。该泉池之水又通过西北角的泄水口流出，沿地势流入村西的金水河（牟汶河支流）。大泉池北即舜皇庙，里面供奉大舜及舜妃娥皇、女英，与一般舜皇庙不同的是，此舜皇庙中的娥皇和女英被称作"药娘娘"和"水娘娘"。舜泉泉亭边上立有两块当代石碑，分别镌刻着"历山神泉"和"舜泉"。2014年《莱芜市志》称此泉为"舜皇泉"。2020年8月济南泉水普查时，柿子峪村党支部书记干永贵介绍说："咱这个水好喝，老百姓有个头疼脑热的，喝了这个水就好了。因此祖祖辈辈还管它叫'神泉'。"

　　今舜泉所在的汶源街道为2012年撤销钢城区黄庄镇后所设立；黄庄镇在1990年由沂源县划入当时的莱芜市，1993年划归莱芜市钢城区；沂源县黄庄镇又源自民国时期蒙阴县的黄庄乡，明清时期属蒙阴县。清康熙十一年（1672）《蒙阴县志·圣迹》"卷二"记载："县北一百二十里之历山为舜耕处，上有舜皇庙，下有历山社、舜圣社。又以

舜泉之泄水口　雍坚摄

舜泉泉碑及泉亭　雍坚摄

舜泉泉池 雍坚摄

坡里古井为舜井。"该书所载"舜井"即今汶源街道柿子峪村舜泉。民国《蒙阴县志》"卷之二"载："历山，距城北一百十里，上有舜皇庙，舜水河发源于此。""舜水河"即今金水河。

　　由舜泉辗转南行几百米，即是历泉。同舜泉一样，历泉也有一小一大两个泉池，小泉池为边长 2 米的方池，为历泉泉口所在之处，泉池上面也建有四角泉亭，周围修有护栏。泉亭旁的一块石碑上刻着龙飞凤舞般的"历泉"二字。盛水季节，泉水自小泉池西侧敞口处直接溢流而出，流入西侧的大泉池。历泉的大泉池比舜泉的大泉池小一号，长 30 米，宽 18 米，总面积 540 平方米。池中泉水清澈如镜，蓝天白云、青山翠树倒映于泉池。用朱熹的一首诗来形容再合适不过："半亩方塘一鉴开，天光云影共徘徊。问渠那得清如许？为有源头活水来。"历泉北侧有观音奶奶庙一座，庙旁石碑显示建于"民国十四年"，即 1925 年。据说当年有一伙土匪来村里抢劫财物粮食，老百姓躲在历泉北面的树丛中，侥幸躲过一劫。老百姓觉得这是观音奶奶显灵，挡住了土匪的眼睛，于是在

历泉溢流而出　左庆摄

柿子峪村羊刨泉 雍坚摄

这里修建了观音奶奶庙。观音奶奶旁边，还供奉着文昌老爷和白水仙，白水仙在当地人眼里就是"泉仙"。2014年《莱芜市志》将历泉载为"观音泉"，泉名当源自观音奶奶庙。

除了舜泉、历泉，柿子峪村还有羊刨泉，它们被当地人合称为"三泉"。

羊刨泉距历泉不远，所在位置俗称"阎王鼻子山坡"，旁边是一条天然峪沟。此泉传说是被寻水的羊群刨出来的，故名。如今的羊刨泉是边长1米多的石砌方池，池中常年有水。冬春季节，羊刨泉出涌量小，夏秋雨季，泉水会溢出泉池，流入峪沟。2021年11月复查此泉时，在旁边还发现了自然出流的一处无名泉。（注：羊刨泉未列入2021年《济南市新增305处名泉名录》）

山东是大舜活动的核心区域，大舜的传说遍布省内多地。关于舜耕历山的记载，最早见于《墨子·尚贤下》："昔者，舜耕于历山。"这一说法在后世学者考证和民间传说中更是生出多种解释。最迟到东汉时期，关于历山在哪儿已有两种说法。《淮南子·原道训》载："昔舜耕于历山。"高诱注曰："历山在沛阴成阳（今鄄城县境内）也，一曰济南历城山也。"

由于早期文献记载的语焉不详或缺失，明清方志对远古历史人物大舜的记载基本停留在记录传说层面，从而形成一个大舜、多处历山、舜泉各自表述的文化现象。当代史学家何光岳在《舜裔源流》中统计说，天下历山有15处，山东有5处，分别在历城、濮州、费县、蒙阴县、沂水县境内（由于区划调整，山东境内的5处历山今天都已经"易位"。历城历山今在历下区，濮州历山今在菏泽市鄄城县，费县历山今在济宁市泗水县，蒙阴历山今在济南市钢城区，沂水历山今在临沂市沂南县。此外，在山东省诸城市诸冯村北，还有一座山号称历山）。柿子峪村历山、舜皇庙、舜泉、历泉等文化符号，应该就是在这种情形下产生的。这既

历泉泉池　左庆摄

历泉蓬勃喷涌　雍坚摄

反映出附会之风在民间传说层面的愈演愈烈，也从一个侧面反映出舜文化在华夏地区的影响之深远。

今钢城区汶源街道的舜泉和历泉，即是伴随着明清时期方志文献中对"舜耕历山"的附会而命名的。从文献记载的角度讲，钢城区舜泉（舜井）迟至清初才出现，而济南市区的舜泉（舜井）在北魏郦道元《水经注》中就已经出现，在时间上，前者比后者晚了千余年。

梦见泉

梦见泉位于钢城区颜庄街道中当峪村。传说是村民梦中得到仙人指点而挖出的泉，所以被称为"梦见泉"。

梦见泉的泉口呈长方形，长 1.2 米，宽 1.1 米，砖砌井栏高出地面尺许，以防止泉水被污染。从泉口向下望去，可以看到表面有铁栅栏将泉口保护了起来。泉水清澈，大约有五六米深，四壁是大块的青石，显示泉池早有年头。泉池周围还围有垛墙，形成了一个相对独立的空间。泉旁立有一块半米多高的自然石，上镌"梦见泉"三个大字和该泉的来历。

据碑刻记载，某年中当峪村大旱，村民吃水困难，庄稼颗粒无收，盼水心切。一天，有位村民做梦梦见仙人指点，说在村西某大石下有一眼泉。梦醒之后，此人半信半疑，转悠几日，还是带领村人尝试挖泉。在仙人指示的地方，泉水果然汩汩而出，全村人欣喜若狂，称它"救命泉"。在探访现场时，村里老人说，此泉颇有灵性，每逢大旱，水比平时流出的还要多些。这与一般"涝时激涌，旱时微弱"的山泉形成鲜明对比。因为是从梦里得来的泉水，该泉最终被村民正式命名为"梦见泉"。

2020 年 8 月济南泉水普查时了解到，在很长一段时间里，就连相邻的东当峪村，取水也要靠这口泉。过去取水时，村民们要排队、用水票，年老体弱的人只能用水瓢接水，很不方便。1982 年，中当峪村实行家庭联产承包责任制，生活渐好，想到的第一件事就是打一眼井。直到 1999 年，村民自发集资，全村终于用上了自来水，梦见泉畔熙熙攘攘的取水场景

梦见泉　赵相利摄

至此结束。可以说，中当峪村吃水、用水的历史，就是一部村民生活的
发展史。

　　据村碑记载，中当峪村于明洪武年间建村。因三面环山，林木繁茂，
以致道路不通，取意为"挡峪"，后演变为"当峪"。又因山峪里有东、
中、西三村相邻，该村位置居中，所以称作"中当峪"。

216

培头泉

　　培头泉位于钢城区颜庄街道澜头村村南培头崮下坡地的地头，泉因崮名。

　　培头泉外观为边长0.5米左右的方形青石井口，井内泉水清澈而充盈，水面距地面仅尺许，伸手可掬。泉井北壁上留有出水口，泉水通过地下石槽外流，通过路边石堰上的管道孔像小瀑布般流下来，沿着堰下玉米地头上的阳沟，向北流去。为便于村民取水，泉井里还安有水管，将泉水引到石堰前。

培头泉　孟庆龙摄

培头泉 孟庆龙摄

"从前的培头泉全年不干，一年到头淌水，淌得到处都是。这个路（从村里通向泉边的路）没修的时候可泥泞啦，没法走。" 2020年8月，澜头村村民孙爱东介绍说，现在的培头泉为季节性出涌，雨季水量充足，旱季水量就少，夏天、秋天有水，春天旱的时候可能就断流了。培头泉的水质很好，口感清甜，达到直饮水标准。夏天农忙的时候，在地里干活的人不用回家，可直接在培头泉喝水。这一口泉水，在炎炎夏日，给澜头村人民带来切实的便利。

培头泉南面的小山培头崮有个古老的传说。相传，秦代仙人安期生曾在此隐居，喝过培头泉的水。安期生当时在高庄朝阳洞修仙，留了个仙人脚印，一脚踩在高庄，另一脚踩在培头崮。这一传说，在莱芜地方志中能找到相关记载。明嘉靖《莱芜县志》记载："安期真人，秦人也。隐居是邑，住凤凰峰下修炼，遂以得仙。"民国《续修莱芜县志》载："仙人山，在凤凰山南，相传安期生隐此，上有安期观。"

玉带泉

　　玉带泉位于钢城区颜庄街道埠东村村南的九龙山风景区内，泉名源自一个"仙人抛玉带通泉眼"的古老传说。

　　玉带泉泉口处修成了水泥罩棚，泉上建有平台，四周有花砖垒砌的围墙，清澈的泉水从雕琢精致的龙头喷涌而出，流入碧波荡漾的大泉池。在泉池下方约100米处，在地势平坦的位置设有泉水取水处，以方便村民取水。玉带泉处于灰菜峪和三谷峪之间，周围古树高耸，鸟啼蝉鸣，景色宜人。

玉带泉　邹浩摄

玉带泉　邹浩摄

　　2020 年 8 月，埠东村村委会主任吴会友介绍说，20 世纪 80 年代，当地为了修建水库，曾将玉带泉的泉眼通过水泥灌浆封死。2003 年，应村民渴望恢复玉带泉的呼声，埠东村用挖掘机在原址挖掘，使玉带泉重见天日。虽然它不如先前那么旺了，但是出水很稳定，全年不断流。

　　关于玉带泉的来历，当地流传着一个神奇的传说。70 多岁的村民许名华介绍说，传说当年玉带泉没有名字，只是一眼出水量不大的山泉，村民到此取水很是不易，需要耐着性子用舀子把泉水舀入木筲。有一天，许家有个媳妇从这里担水回家时，路上遇见一个衣衫不整、牵着牲口的老人。他见有村妇挑水经过，就上前讨水饮牲口。许家媳妇犹豫了一下，还是把水筲拎给了老人。老人看出了村妇的为难，慢条斯理地对她说："我用完你的水，还会还给你的。"许家媳妇还当老人是开玩笑，哪知老人饮完牲口后，从怀中掏出一条玉带，抛进泉中，登时泉水喷涌而出，水量大增。回头再看，老人和牲口已经不见了。她这才想到是神仙显灵，通开了泉眼。打那以后，人们才管这里叫"玉带泉"。

柳桥峪四泉

　　蝴蝶泉、西老泉、吴家泉和东老泉均位于钢城区颜庄街道柳桥峪村，统称"柳桥峪四泉"。柳桥峪村于明万历年间建村，牟汶河支流澜头河穿村而过，因河道上曾经"卧柳成桥"而得名。该村泉源丰沛，是目前钢城区名泉最多的村子。

　　蝴蝶泉位于柳桥峪村村南，所处位置原来是一片田野，长满了野薄荷、野艾蒿和各种野花野草，每到春天蝴蝶成群，前来取水的人们就管这眼

西老泉之水形成蓄水池　孟庆龙摄

山泉叫"蝴蝶泉"。为了取用泉水方便，前些年村里在泉口处建了泵房。泵房外有个小水渠，泉水沿着小水渠流进澜头河（当地称"龙潭河"）里。蝴蝶泉出水量很大，每小时能达到二三十方水。2020 年 8 月济南泉水普查时，柳桥峪村党支部书记李永奇介绍说："我们村用水也就抽一两个小时，水接着就冒上来。"

西老泉位于柳桥峪村村西，是附近村民的饮用水源。泉口处建成密封泉池，顶部留有圆形取水口。泉池外建有一个大型蓄水池，池中碧波如镜。"西老泉的水质好，附近的村民都喝这个水。喝这个水还长寿，附近八九十岁的老人有很多。"李永奇说。

吴家泉和东老泉位于柳桥峪村村东，都在澜头河边，外观为井状。东老泉在河边小桥下，由青石垒成方形井壁，井台上雕有古朴的龙形云纹。吴家泉在河边玉米地旁，石堰做了井壁，取水不是很方便，泉水主要用于灌溉。此泉原为吴姓村民地中之泉，故名。

澜头河是钢城区境内唯一一条全年有水的小河，在中国北方山区十

西老泉泉址　孟庆龙摄

蝴蝶泉 邹浩摄

位于桥下的吴家泉 孟庆龙摄

223

东老泉　邹浩摄

分少见。李永奇说："河边泉眼很多，大大小小，得 20 多个。村民使个扁担，随便找个泉井就能吃上水。"

柳桥峪村处于群山环抱之中，由柳桥峪、东南峪、孙家庄三个自然村组成。据村碑记载，明万历年间，蒋姓由河北辗转到此建村。村名源自一个"卧柳成桥"的故事。传说古时候村中河边长着一棵大柳树，是村民们休憩乘凉的好地方。有一年，山洪泛滥，村中原有的小桥被洪水冲垮，给村民出行带来很大困难。恰巧在这次风雨中，小河西岸的大柳树倾倒下来，从西向东横搭在河上，无桥可过的村民只好以树为桥，由此形成一道独特的景观。大家觉得这是老天爷特意安排的，此后便将村名改称"柳桥峪"。

"谋生态安居，山清水秀；沐人文熏陶，室雅人和。村容村貌处处谐美，乡音乡情时时浓郁，清风伴鸟语花香，恋白云悠悠，绿树共水天一色。"这是李永奇在村报《新柳桥》上发表的《柳桥峪赋》中的一段文字，也是柳桥峪的真实写照。

孝母泉

　　孝母泉位于钢城区辛庄街道大沟村村口山脚下的涧沟里，一年四季泉水淙淙，是当地人世代相依的水源。孝母泉之名，传说与《水浒传》中李逵杀虎的故事息息相关。

　　大沟村北依寄母山，建在朝南、朝西的二斜坡上。据说因村址建在山峪涧沟中，故名"大沟村"。孝母泉就"藏"在村口山脚下的涧沟里，泉口外依次砌筑了一小一大两个相邻的蓄水池，在泉口左上方的小山坡上有拱桥和凉亭，泉口右上方的关帝庙古朴庄重。涓涓出水的孝母泉，与周边的古树、小桥、凉亭、关帝庙相映成趣，成为一处可供游人驻足

航拍孝母泉　孙若曦摄

孝母泉泉口　董传龙摄

孝母泉之水自池壁一侧多处涌出，图中半圆形小池为主泉眼　雍坚摄

休憩的美丽乡村景观。

2020年8月，济南泉水普查队探访孝母泉时正值雨季，泉水喷涌旺盛。池水已经没过了主泉口，但依然能看出主泉口处水花涌动。主泉口左右两侧的小泉口处，也能看到泉水涌动。据大沟村党支部书记尚庆文介绍，孝母泉旁边原来有石碑，上面刻着"孝母泉"三个大字。最迟到20世纪60年代，石碑就不见了。

尚庆文说："我从小就从老人们那里听说了孝母泉和寄母山的故事，

知道它们的来历都和梁山好汉李逵有关。"《水浒传》中的李逵是个孝子，为了让老娘享福，他特意回老家沂水接老娘上梁山。经过沂岭时，老娘口渴，李逵就把老娘放在山坡上，自己去寻水。等他盛水回来时，却发现老娘竟被老虎给吃了。李逵悲痛欲绝，怒杀两大两小四只虎。这虽然是小说虚构，但大沟村一带的传说，却切实为小说提供了源发地。传说李逵杀虎后，为当地除了大害，此后老百姓才敢搬到山前来居住。为了纪念李逵的孝行义举，当地人就把李逵寄放行李和安置老娘休息的山称为"寄母山"，把李逵下山取水的泉子称为"孝母泉"，寄母山上的山洞被称为"老虎洞"。大沟村西面有个团圆坡村，相传是李逵与老娘久别后的团圆之地。团圆坡西北有个红崖村，原来叫"红眼村"，传说李逵在老娘死后，在此哭红了眼。

山东是礼仪之邦，民间对忠孝节义高度推崇。因为绿林好汉李逵这一份孝顺母亲的朴真，后人以大沟村的孝母泉为中心，构建了一个小小的水浒文化故事圈。尽管李逵杀虎与孝母泉、寄母山、老虎洞、团圆坡、红崖村之间的故事在逻辑上难以衔接，可这种不合逻辑恰好说明，故事出自民间，反映出老百姓仗义向善的朴素愿望。

鹏山泉

鹏山泉位于钢城区辛庄街道百嘴红村，为莱芜历史名泉。早在明嘉靖二十三年（1544）《莱芜县志》上就有记载："鹏山泉在县东二十五里，源出鹏山之麓。"今天的百嘴红村，正位于鹏山南侧。鹏山泉当代又被简称为"鹏泉"。或许是因为它的名气太大了，与之相邻的莱芜高新区有个街道就以"鹏泉"命名。

现鹏山泉泉口被石板密封起来，旁边有个大型蓄水池，里面的水是抽进去的，并非来自鹏山泉。据村民介绍，原来鹏山泉上面修有一个像庙一样的小亭子罩着泉口，后来出水少了，就挖成了井。鹏山泉已经停

鹏山泉及泉边的大水塘　左庆摄

鹏山泉泉口被棚盖于预制板下　左庆摄

喷 20 多年，但遇到雨水特别多的年份，它又会淌出水来。

据百嘴红村村民李道云回忆，村子南端的鹏山泉原有一西一东两个泉眼，相隔 300 米左右，泉水涌出后排入同一个大湾。位于西侧的是主泉眼，在水量大的时候，能涌起一尺多高。2014 年《莱芜市志》记载，1958 年，鹏山泉实测最大涌水量为 131.6 立方米 / 小时，在同期莱芜诸泉中位列第三位。

据了解，20 世纪 70 年代末，鹏山泉附近开始建设水利设施，该水源地为深层和浅层地下水，供水工程于 1981 年建成投入使用，原设计年可开采量为 1800 万立方米，取水许可开采量为 1500 万立方米，是莱芜城区供水的主要地下水水源地。1999 年以来，因地下水位不断下降，鹏山泉两个泉眼不再出水。

百嘴红村于明洪武年间建村。据该村《张氏谱》记载，相传古时鹏山常年有红嘴老鸹栖息，由此得名"百嘴红"。而明嘉靖《莱芜县志》对鹏山的记载却是："鹏山在县东二十五里，曾有大鹏集于上。"

尧王泉

尧王泉位于钢城区辛庄街道辛庄村正北方，俗称"窑沟泉"，其得名可能与传说中尧王东狩有关。

尧王泉泉口呈半圆形，由青石垒成，直径约1米，水深约1米，泉

尧王泉　孟庆龙摄

水从半圆形的豁口流出，外面有一个两层青砖加混凝土浇筑的实心井栏围成的不规则泉池，有 0.3 米高。泉水从出口流出，形成溪流，沿着 1 公里左右的沟渠，流向辛庄河（牟汶河支流）。

2020 年 8 月，辛庄村党支部书记李明介绍说，尧王泉的特点主要有两个：一是从地形上看，它根本不像出水的地方，靠着很平常的一个小草坡山岭——摩天岭。摩天岭虽号称"摩天"，其实只有七八米高，附近并没有高崖，却就地生出一股清泉。二是尧王泉水虽然流量不大，但是，多年来水流一直很稳定，天再旱，泉水流量也不会小。"我今年 53 岁，从我记事起，泉子从来没有干过。20 世纪 80 年代的时候，泉子水很大，都往外淌，一直到 2000 年，水里还有鱼。"说起尧王泉的过往，李明如数家珍。据他讲，尧王泉的水质优良，烧水没有水锈。"近几年，很多人骑着电动车，带着可盛 50 斤水的桶，两天或一天就来一次。因为泉水浅，可以手提、肩挑、拿水桶来灌，妇女儿童也可以来取水。"

据了解，在新庄村西南的锦龙山脚下，原有辛庄泉一眼，雨季时涌量很大。1958 年，实测最大涌水量为 128.23 立方米 / 小时，在当时莱芜境内诸泉中居第四位。而 2014 年版《莱芜市志》记载，该区域为莱城供水后，1987 年已干涸。

仙人脚泉

仙人脚泉位于钢城区辛庄街道北宝台村西北方山谷中。因为泉眼边有一块巨石，石上有一个很形象的"仙人脚印"，所以得名"仙人脚泉"。

仙人脚泉自巨石旁边的石缝中涌出，继而从3个大的石台阶流下，石台阶的上两层大约3米长、0.5米高，最下一层依照山势而建，连着一块巨石，所以就短了一半。雨季泉水流量大，石台阶会形成类瀑布状的

仙人脚泉　孟庆龙摄

仙人脚泉周边景况　孟庆龙摄

泉流。仙人脚泉附近还有一个类似石碾盘的巨石，碾盘中间还有一个天然圆孔，令人不禁感叹大自然的鬼斧神工。因为这个"石碾盘"，附近的沟叫作"碾盘沟"。

2020 年 8 月，北宝台村党支部委员吕玉福介绍说，仙人脚泉以前常年有水，四季不干。2004 年，在附近采矿企业开挖火车隧道以后，仙人脚泉就变为季节性出水，雨季水量充足，春旱时甚至无水。仙人脚泉位于西山和小郎峪山之间，原来没有路，所以开发利用得晚，直到 2013 年才铺设了取水管道。由于选址不当，水量不足，不能满足村民的用水需求，2015 年又在原址上移，此后能正常使用，可满足村民生活需求。

北宝台村于明朝万历年间建村，因村址在平台地上，两面依山，两面傍水，被视为宝地，曾名"宝台"。1965 年修乔店水库后分成两村，以水库为界，库北为北宝台村，库南为南宝台村。

赵家泉

　　赵家泉原位于钢城区辛庄街道赵家泉村西南方田野中，为当代迷失的历史名泉。早在明嘉靖二十三年（1544）刊印的首部《莱芜县志》"卷之一·图考志"中便标注了"赵家泉"。清康熙十九年（1680）《山东全河备考》一书记载："赵家泉距县东二十四里，在朋山保。出古牟城南土中，水茂盛，长一里，南流至盘龙河入汶。"古时候，赵家泉涌量巨大，是牟汶北源的重要补济水源。清康熙《新修莱芜县志》"卷之二·封域志·山川"记载："牟汶，牟即古牟城，在县东二十里。水发响水湾、

今日赵家泉村俯瞰　黄鹏摄

234

朋山泉，合赵家泉，至盘龙庄古汶阳田西流，合浯汶西流。"

"赵家泉在村子西南的庄稼地里，已经不存在泉水出露的样貌。"2020年8月济南泉水普查时，时年53岁的赵家泉村村民亓关永介绍说，赵家泉历史上水量很大，传说100多年前，居住在赵家泉附近的几户人家苦于赵家泉发水造成的涝灾，用一口铁锅扣住了泉眼。即使这样，赵家泉依然往外冒水。"赵家泉离我老家不远。我小时候，泉子还有水，小孩们经常在那里洗澡和戏水。后来，这个泉子就慢慢地没水了。20世纪70年代，我们村被确定为文物保护遗址后，大家才意识到，赵家泉的水流向牟城的护城河，能为牟城城防提供必要的水源。"

赵家泉村村北的牟国故城遗址，为全国重点文物保护单位。此遗址叠加着牟国禹夏时期的牟国国都、周代的牟子国国都、汉代的牟县县城、隋代的牟城县县城。可以想象，赵家泉能提供充足的水源，肯定是历朝历代选择在此建城的一个重要因素。